평생을 좌우하는

의사결정의 비법

평생을 좌우하는 의사결정의 비법

2011년 3월 2일 초판 인쇄 · 2011년 3월 5일 초판 발행

지은이 이진경 ■ 펴낸이 류제동 ■ 펴낸곳 (주)교 문 사

편집 김지연 ■ 디자인 북큐브 ■ 영업 정용섭 · 이진석 · 송기윤
출력 현대미디어 ■ 인쇄 동화인쇄공사 ■ 제책 대영제본

주소 413-756 경기도 파주시 교하읍 문발리 출판문화정보산업단지 536-2
전화 031-955-6111(代) ■ 전송 031-955-0955 ■ 등록 1960. 10. 28 제406-2006-000035호
홈페이지 www.kyomunsa.co.kr ■ 이메일 webmaster@kyomunsa.co.kr ■ 값 15,000원

ISBN 978-89-363-1130-8 (93320) *잘못된 책은 바꿔 드립니다.

평생을 좌우하는

의사결정의 비법

이 진 경 지음

(주)교 문 사

머리말

나는 도시개발정책분석가로서 강산이 한 번 변할 동안 신도시 개발, SOC 투자, 공공주택 공급 등 대규모 공공투자사업에 대한 재무적 타당성 판단지표와 정책의 효과성 평가기법들을 연구하고 개발해왔다. 이러한 연구영역은 시장메커니즘에 의해 형성되는 가격기준이 존재하지 않아 의사결정에 도움을 줄 수 있는 그 무엇, 즉 지표 또는 기준 등이 필요한 분야이다. 이러한 연구결과들은 의사결정의 합리성을 제공하기 위한 논리적 근간이 될 수 있기 때문에 정책분석가, 비영리조직경영자, 재분배 경제학자들의 논제가 되었다. 의사결정을 위한 개념적 분석방법으로 시장실패, 비용편익분석, 정부실패, 기회비용, 한계분석 등이 있는데 이들 개념을 이해하는 데 고난도의 수학적 정리가 필요한 것은 아니다. 단지 기본요소, 4가지 편익(benefit), 비용(cost), 할인율(r), 시간범위(time horizon)만 제대로 알면 매우 쉽게 접근할 수 있다는 것을 많은 사람들이 모른다는 것이 안타까웠다.

얼마 전 인문, 사회, 공학 등 다양한 학과의 학부생들과 대화의 시간을 가질 기회가 있었는데 여기서 나는 매우 놀라운 사실을 알게 되었다. 전공 영역이던 일상생활이던 의사결정을 하는 데 있어서 학생들이 어려워하는 것은 선택 그 자체가 아니라 본인이 결정해야 될 사안을 선택할 수 있는 대상으로 구조화시키는 작업(break it down)을 어려워 한다는 것이다. 이것이 힘들기 때문에 의사결정이 막연히 복잡하고 어렵다고 생각하는 것이다. 이런 현상은 정책분석론과 미시경제학을 배우고 있는 학생들도 마찬가지다. 그래서 나는 이들에게 의사결정에 필요한 구조화방법 3단계, 첫째 의사결정의 목적이 무엇인가를 파악하기, 둘째 최소한의 목표는 무엇인가를 정하기, 셋째 반드시 만족시켜야 할 조건에는 어떤 것이 있는가를 선정하기와 4가지 기본요소인 편익, 비용, 할인율, 시간범위에 대해 간략히 설명해 주었더니 각자의 의사결정사항들에 접목하여 이건 어떻고 저건 어떻고 하면서 농담하는 것을 볼 수 있었다. 불과 10여 분 만에 일어난 광경이다. 이러한 경험이 나에게 의사결정을 위한 기초개념을 쉽게 설명하며 재미있고 다양한 에피소드를 통해 구조화과정을 쉽게 익힐 수 있는 교과서의 필요성을 일깨워주었다.

이 책은 의사결정을 위한 전공기초과목으로서 재정학, 공공경제학, 정책분석, 비영리조직경영학, 재분배경제학 등을 전공하는 학생과 연구생에게 의사결정분석에 대한 개념을 정립하는 데 도움이 될 수 있기를 바라며, 일상생활에서 자기주도적 의사결정을 하는 모든 사람이 합리적 의사결정을 할 수 있도록 돕는 일반 경제교양서가 되기를 희망한다.

부족한 책을 마무리하는 데까지 늘 함께 고생해 주고 힘겨운 작업에 최선을 다한 임현진 선생님께 깊은 감사의 마음을 전한다.

2011년 2월

이진경 *Jin-Kyung Lee*

차 례

내 인생을 좌우하는
의사결정의 비법

비법은 알려고 노력하는 사람에겐 정보가 될 수 있지만, 알려고 노력하지 않는 사람에게 영원히 감춰진 비밀이 된다.

비법 하나!

의사결정, 선택이 어려운 것이 아니라 선택대안으로 의사결정대상을 구조화시키는 것이 어려운 것이다. **3단계 구조화 기법**을 이용하라.

How to break a decision down?

흔히들 '선택하는 건 너무 어려워'라고 하는데 이건 잘못된 인식이다.

선택이 어려운 것이 아니라 선택대안으로 의사결정대상을 break it down하는 것이 어려운 것이다. 그렇기 때문에 의사결정 대상을 구조화시키는 방법을 알아야 한다. 어떻게 할까? 그 비법은 다음 3단계를 차례차례 거치는 것이다.

3 3단계 구조화 비법

- 1단계, 의사결정의 목적이 무엇인가를 파악하라.
- 2단계, 최소한의 목표는 무엇인가를 정하라.
- 3단계, 반드시 만족시켜야 할 조건에는 어떤 것이 있는가를 선정하라.

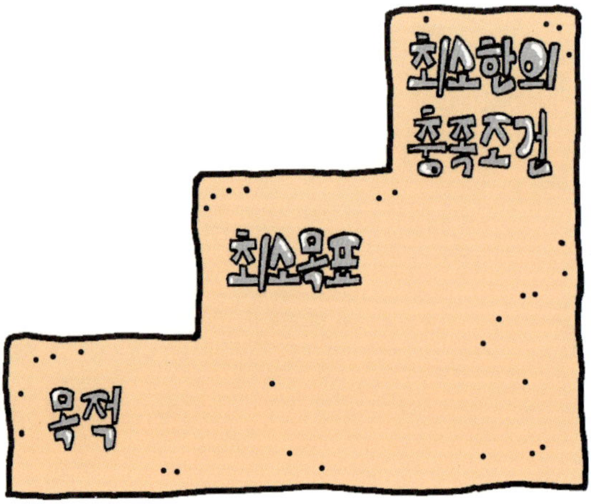

비법 둘!

성공적 의사결정을 위해 반드시 **비용편익분석**을 해라.

Why is CBA important?

의사결정은 정해진 가격과 같은 판단기준이 존재하지 않기 때문에 스스로에게 맞는 비용과 편익을 분석해서 순편익이 큰 것을 결정하게 된다.

일반적 상품과 서비스는 내 주머니에서 나간 돈보다 내가 받게 되는 물건이 양적 · 질적과 선호 면에서 커지고 향상하며 만족하게 될 때 이득(profit)봤다고 판단한다. 확실히 이득이 예상되면 구매하기로 결정한다. 이때 결정의 잣대인 이득은 시장에서 거래될 수 있는 가격으로 존재하기 때문에 쉽게 비교하고 구매결정을 할 수 있다.

하지만 실제로(눈으로 보이는) 투입되거나 얻게 되는 비용과 편익이 시장가격으로 정해지지 않은 의사결정 또는 부차적(눈으로 보이지 않는) 파급효과가 있는 의사결정을 할 때는 누구나 난감하다. 왜냐하면 의사결정의 잣대로 삼을 수 있는 '이득에 해당하는 등가물(profit equivalent)'이 시장에는 존재하지 않기 때문이다.

이러한 이유로 의사결정 시 직 · 간접적으로 발생할 수 있는 모든 비용요소와 모든 편익요소를 꺼내어 돈으로 표시해 주는 과정이 비용편익분석이다.

물론 성공적인 의사결정을 하기 위해 비용편익분석이 만병통치약은 아니다. 하지만 최소한 관련된 **모든 비용과 편익을 확인**하고 **화폐단위로 계량화**하는 작업을 거치므로 **의사결정의 객관성**을 높일 수 있다는 것이 최대의 장점이다.

비법 셋!

비용편익분석 **benefit, cost, r, time-horizon** 네 가지 분석요소만 제대로 알면 누구나 쉽게 할 수 있다.

What are key contents?

① 편익(benefit)

의사결정을 위해 비용편익분석을 한다면 가장 먼저 편익을 확인해야 한다. 왜? 일어날 수 있는 모든 편익을 확인하는 것은 그 편익의 총합만큼 비용으로 지불할 의사가 있다는 것이고, 총비용 산정의 기초가 되기 때문이다.

그렇다면 편익에는 어떤 것들이 있고 어떻게 확인할 수 있을까?

의사결정 목적을 달성할 수 있도록 양적으로 증가했거나, 질적으로 개선되었거나, 선호했던 것이 이루어지는 등 이러한 변화가 일어날 수 있는 모든 것이 편익의 대상이 된다. 여기에는 내 수중에 돈으로 떨어지는 경제적 편익도 있고 돈이 주어지지는 않지만 환경문제와 같이 '바람직하고 정의로운 결정이였어'라고 뿌듯함을 주는 사회적 편익도 있다. 이러한 두 가지 측면에서 예상되는 모든 편익요소를 확인하는 것이 비용편익의 첫걸음이다.

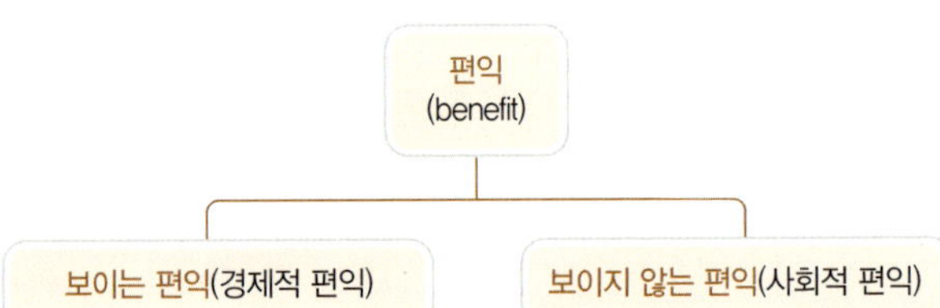

② 비용(cost)

비용은 위에서 말한 총편익에 대해 의사결정자가 지불할 의사가 있는 정도의 가치를 의미한다. 다시 말해 의사결정자가 비용으로 인정할 수 있는 모든 요소가 비용의 대상이 되기 때문에 이것들을 확인하는 작업을 해야 한다. 즉, 의사결정자가 보이는 경제적 편익만을 중요시하고 그것에만 지불할 의사가 있다고 판단한다면 비용은 경제적 비용으로 정해지는 것이고, 사회를 살아가는 구성원으로서 사회적 편익에 가치를 부여하고 그것에 지불할 의사가 있다면 그 가치를 사회적 비용으로 총비용에 포함시킨다.

③ 할인율(discount rate: r)

각기 다른 시점에 일어나는 모든 현금흐름, 즉 돈이 얼마나 들어오고 나가는지를 비교하기 위해서는 어느 한 시점을 기준으로 시간가치를 반영하여 그 가치를 재평가하는 작업이 필요하다. 기준시점을 정하기 위해 일반적으로 현재시점을 많이 사용하는 데 이는 의사결정자가 현재 화폐가치를 체감적으로 가장 잘 알고 있기 때문이다.

그런데 왜 할인할까? 대부분의 의사결정은 미래를 대상으로 하지 과거를 대상으로 하는 건 드물기 때문이다. 미래가치는 최소 물가상승만큼 더해지기 때문에 더해진 만큼을 뺀다는 개념에서 현재가치로 전환할 때 할인한다는 표현을 쓴다. 여기에 의사결정자의 다양한 '기대'가 반영되면 다양한 할인율이 적용될 수 있다.

개인은 동일한 비용을 다른 데 썼을 때 얻게 되는 편익, 즉 기회비용을 할인율로 설정하게 된다. 기업은 기본적으로 자기자본으로 투자하는 것이 아니라 남의 자본을 빌려서 투자하는 집단이기 때문에 남의 자본을 빌려오는 비용, 즉 자본비용을 할인율에 반영한다. 정부는 공공투자가 후세의 복지에 기여할 뿐 아니라 여러 가지 외부효과를 창출할 것으로 기대하기 때문에 정책목표에 맞춰 정해진 최저수익률, 즉 사회적 할인율을 채택하게 된다.

이와 같이 의사결정 주체에 따라 요구되는 수익률과 이자율이 달라지고 이를 기준으로 할인율이 결정된다. 즉, 각자 처한 상황은 다르지만 요구되는 최소이자율과 수익률보다 같거나 높은 수준에서 할인율을 결정한다.

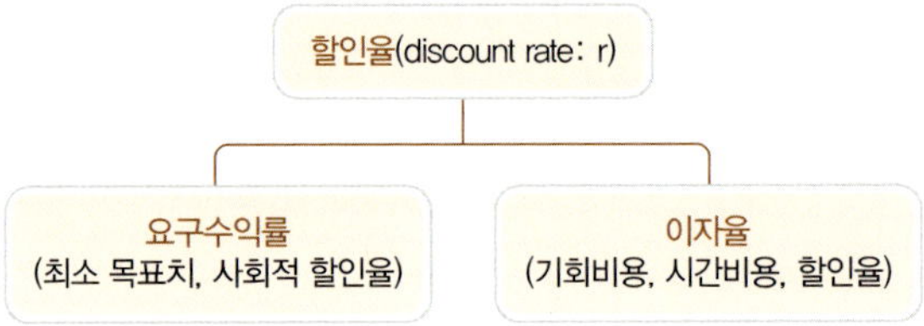

④ 시간범위(time-horizon)

일반적으로 시간범위에 대해서는 크게 고려하지도 중요하게 생각하지도 않는다. 총비용과 총편익이 얼마만큼 발생하는지를 알기 위해서는 얼마동안 발생하는지를 먼저 알아야 한다. 왜냐하면, 경제적 비용이 발생하는 시점과 기간, 편익이 발생하는 시점과 기간, 사회적 순편익이 존재하는 기간에 따라 그 의사결정의 성패가 결정되기 때문에 시간범위는 매우 중요함에도 불구하고 흔히 간과된다.

비용 발생시점은 늦고, 그 기간이 짧을수록 편익 발생시점은 빠르고, 그 기간이 길수록 수지 맞는 장사라고 할 수 있다. 시간범위의 구조에 따라 그 의사결정의 순편익은 상당히 달라질 수 있기 때문에 반드시 의사결정 대상의 비용과 편익의 발생시점, 기간, 종료시점 등을 확인하고 정의해야 한다.

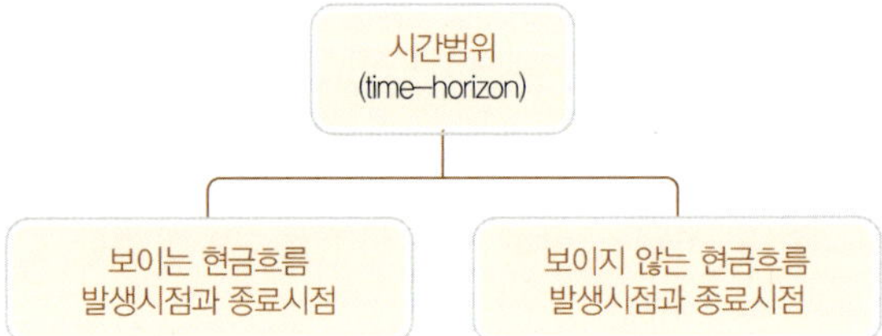

비법 넷!

빈틈없는 **비교**를 위해 **표**를 이용하라.

How to use a table?

의사결정을 위해 앞에서 제시한 7가지 핵심항목들의 결과가 나왔다 하더라도 대안 간, 항목 간의 체계적 비교검토를 위해서는 대안과 항목들의 체크리스트가 필요하다.

정확한 명세표 작성은 가능성 있는 대안을 찾아가는 데 논리적 바탕이 된다.

선택대안별 목적, 최소목표, 필수충족조건, NPV of C, NPV of B, B/C ratio, 순편익을 표로 만든다.

*n*개 대안 / *m*개 항목	대안 1	대안 2	…	대안 *n*
의사결정목적				
최소 목표				
필수충족조건				
NPV of B				
NPV of C				
B/C ratio				
순편익				
IRR				
⋮				
m				

비법 다섯!

최종결정을 위해 제거기법을 먼저, 순위기법을 나중에 이용하라.

How to make a final decision?

의사결정자가 보기 쉽고 일목요연하게 3단계 구조화 결과와 비용편익 분석 결과를 표로 작성하였어도 이로부터 최종결정을 이끌어낼 수 없다면 무용지물이 된다.

의사결정자가 최종결정을 하기 위해 고려 중에 있는 대안들을 효과적으로 좁혀나가는 작업이 다섯 번째 비법이다. 이를 위해 우선, 대안 중 먼저 제외대상 골라내고 탈락시킨다. 그 다음으로 남은 대안들의 분석요소별 순위를 메겨 1등이 많은 대안을 최종대안으로 선정한다.

이러한 과정을 거치면서 의사결정 시 불필요하게 소모되는 에너지를 줄이고 의사결정자의 선호에 맞게 최종결정을 할 수 있다.

- **최종결정을 위한 1단계: 우선 제외대상 골라내기**

  방법 제거기법

  기준 의사결정목적, 최소목표, 필수충족조건은 대안 중 우선 제외대상 결정의 지표

  결과 각 대안이 3가지 지표에 적합한지를 Yes or No로 판정

- **최종결정을 위한 2단계: 1등으로 결합된 대안 선택하기**

  방법 순위기법

  기준 순편익, 현재가총비용, 현재가총편익, B/C ratio는 1단계 통과된 대안 중 우선선택대상 결정 지표

  결과 각 지표별 대안간 순위를 정함, 비용은 가장 작은 것이 1등, 편익은 가장 많은 것이 1등, B/C는 가장 높은 것이 1등

비법 여섯!

의사결정 비법 활용, **3-4-2기법**을 통해 쉽게 하라.

How to use secrets for a successful decision?

3 3단계 구조화 비법

- 1단계, 의사결정의 목적이 무엇인가를 파악하라.
- 2단계, 최소한의 목표는 무엇인가를 정하라.
- 3단계, 반드시 만족시켜야 할 조건에는 어떤 것이 있는가를 선정하라.

↓

4 4가지 의사결정요소 분석

- 편익 분석: 항목 선정, 금전적 가치로 환산할 수 있는 항목의 가정설정 및 근거자료 수집, 편익추정
- 비용 분석: 항목 선정, 금전적 가치로 환산할 수 있는 항목의 가정설정 및 근거자료 수집, 비용추정
- 할인율 선정: 의사결정 대상의 위험검토, 위험 정도에 따른 요구수익률 설정, 할인율로 적용
- 시간범위 설정: 편익과 비용의 발생을 고려하여 가장 긴 기간을 시간범위로 설정
- 현금흐름 작성: 엑셀을 이용하여 비용과 편익 항목의 현금흐름을 시간별로 나열

↓

2 2단계 선택결정과정

- 1단계, 우선 제외대상 대안 골라내기
- 2단계, 1등으로 결합된 대안 선택하기

↓

성공적인 최종결정

2

재미있는 에피소드를 통한 비법 전수

여러분의 평생을 좌우할 수 있는 의사결정의 순간, 평생 후회하지 않는 의사결정을 어떻게 이끌어내는가를 연습하는 것이 본 장의 목적이다. 앞에서 설명한 비법들을 의사결정과정에서 효과적으로 적용할 수 있도록 3-4-2기법을 내 것으로 만드는 과정을 재미있고 누구나 공감할 수 있는 에피소드 11개를 선정하여 단계별로 자세히 설명하고자 한다.

비법전수를 위해 침비전수전략(沈備傳授戰略), 다시 말해 3-4-2기법이 적용된 의사결정과정을 반복적으로 보여줌으로써 비법이 자연스럽게 몸에 스며들 수 있도록 하는 전략이다.

자! 이제부터 재미있는 이야기 속으로 들어가 보자.

Episode 1
웅녀, 100일을 참을까, 말까?

Episode 2
잭, 소와 요술콩을 바꿀까, 말까?

Episode 3
효녀심청, 쌀 삼백 석과 자신의 목숨을 바꿀까, 말까?

Episode 4
고 3 수험생, 서울대 공대를 갈까, 지방대 의대를 갈까?

Episode 5
골드미스, 결혼 할까, 말까?

Episode 6
내 아이, 사립초등학교를 보낼까, 공립초등학교를 보낼까?

Episode 7
김일병, 군대 말뚝 박을까, 말까?

Episode 8
서울로 놀러간 시골쥐, 고향으로 돌아갈까, 서울에서 살까?

Episode 9
흥부, 제비다리를 고쳐줄까, 말까?

Episode 10
성룡사 스님, 쌀 나오는 샘의 구멍을 크게 넓힐까, 말까?

Episode 11
길 교수, 철학공부를 위해 조기퇴직을 할까, 말까?

Episode 1

웅녀, 100일을 참을까, 말까?

우리 민족의 시조이신 단군을 잉태하신 웅녀님이 힘든 100일을 참을지 말지에 대해 고민했을 것 같다. 웅녀의 선택과정을 의사결정비법을 통해 들여다 보자.

옛날 옛적에 하늘의 임금 환인(桓因)은 환웅(桓雄)이라는 아들을 가지고 있었지요. 환웅은 하늘아래를 내려다보며 인간세상을 다스리기를 갈망했습니다. 임금은 환웅에게 천부인(天符印) 3개를 가지고 태백산(太伯山:현 妙香山) 신단수(神壇樹) 아래 내려가 신시(神市)를 열고 인간을 잘 다스리게 했습니다. 그의 나라는 행복과 기쁨으로 가득 찬 노래로 가득했습니다.

하루는 곰과 호랑이가 환웅에게 와서 사람이 되고 싶다고 말했습니다. 환웅은 잠시 생각한 끝에 어떻게 하면 사람이 될 수 있을지를 말해 주었습니다.

"어두운 동굴에서 100일 동안 빛을 보지 말고 마늘과 쑥만 먹도록 하여라. 만약 너희 둘이 내가 말한대로만 한다면 너희들은 여기의 사람들과 같이 될 것이다. 행운을 빈다."

곰과 호랑이는 동굴을 찾았고, 100일 동안 먹을 음식을 들고 동굴로 들어갔

습니다. 작은 동굴에서 사는 일은 두렵고, 지겹고 참기 어려웠습니다. 하지만 그들은 참았죠. 언젠간 사람처럼 살 수 있을 것이란 믿음으로요.

그러나 호랑이는 동굴에서의 생활에 질려 뛰쳐나오고 말았습니다. 그는 후회했지만 이미 늦고 말았습니다.

곰은 그가 동굴에서 보낸 날들을 표시하면서 조금 더 참았습니다. 마침내, 100일이 되는 날, 곰은 아름다운 여인이 되었습니다. 그녀의 이름은 웅녀였습니다.

웅녀는 행복했지만 시간이 흐르면서 그녀는 외로움을 느꼈고, 아기를 잉태하게 해달라고 기도했습니다. 하늘에서 환웅은 그녀의 기도를 듣고 인간세상으로 내려와 웅녀와 함께 살았습니다. 곧, 웅녀는 건강한 아들을 낳았으며 그가 바로 한국인의 시조인 단군입니다.

웅녀가 100일을 참겠다고 한 결정, 과연 잘한 걸까?

3–4–2기법을 통해 점검해 보자.

3 3단계 구조화 비법

- 1단계: 의사결정의 목적이 무엇인가를 파악하라.

> 행복과 기쁨이 가득찬 나라에서 사람으로 사는 것

- 2단계: 최소한의 목표는 무엇인가를 정하라.

> 곰으로 사는 동물세상을 벗어나 사람으로서 인간세상에서 사는 것

- 3단계: 반드시 만족시켜야 할 조건에는 어떤 것이 있는가를 선정하라.

> 100일 동안 버텨도 죽지 않고 살 수 있어야 한다. 모습뿐 아니라 기능을 갖춘 본연의 인간이 되어야 한다.

4 4가지 의사결정요소 분석

• 분석 1: 편익분석

사람으로 환생, 신과의 결혼, 단군 출산, 신화의 주인공, 4천 년 이상 추앙 등

	편익항목	산출기준
보이는 편익 (경제적 편익)	단군 출산	세상을 다가진 기분 지구의 겉넓이 5.1억km^2×100억 원(1m^{2}당 1만 원)×0.03(바다가 70%)=15경 원
	4천 년 추앙	초상권(4343년×365만 원)≈159억 원
보이지 않는 편익 (사회적 편익)	사람으로 환생	–
	신과의 결혼	–
	신화의 주인공	–

• 분석 2: 비용분석

쑥비용, 마늘비용, 100일 동안 활동하지 못한 노동비용, 다른 동물로부터 받은 비난에 의한 심리적 고통, 곰이 사람이 되어 발생되는 위화감 등

	비용항목	산출기준
보이는 비용 (경제적 비용)	쑥비용	100봉지×1천 원=10만 원
	마늘비용	3접×6만 5천 원≈20만 원
	100일 노동비용	100일×3만 원=300만 원
보이지 않는 비용 (사회적 비용)	심리적 비용	–
	위화감	–

• 분석 3: 할인율 선정

웅녀가 사람이 아닌 곰으로서 계속 살아간다고 할 때 기대할 수 있는 것은 동물로써 평범한 곰의 생활을 영위하는 것이므로 인간과 같이 비축의 개념도 없고 딱히 투자대체제가 있는 상황도 아니므로 기회비용과 의사결정에 대한 위험도가 매우 낮은 상황이다. 할인율은 물가상승만큼을 반영한다.

※ **참고**: 미래가치는 최소 물가상승만큼 더해지기 때문에 더해진 만큼을 빼준다는 개념에서 현재가치로 전환할 때 할인한다는 표현을 쓴다.

하지만 여기에 의사결정자의 '기대'가 반영되면서 다양한 할인율이 적용될 수 있는데 개인의 기대는 동일한 비용을 다른 데 썼을 때 얻게 되는 편익, 즉 기회비용을 고려한다.

• 분석 4: 시간범위 설정

웅녀가 100일을 참겠다고 결정했을때 비용과 수익발생기간 중 가장 긴 항목이 4천 년 추앙이다. 인간으로 환생한 해(단군 BC 2333)부터 지금까지라고 가정한다면 시간범위는 4343년이 될 것이다.

분석종합: 현금흐름 분석

편익과 비용 항목별 시간범위의 현금흐름을 아래와 같이 작성할 수 있고 Excel 프로그램을 이용하여 NPV와 BCR을 추정하였다.

FKE27

	A	B	C	D	E	FKC	FKD
1			t=0	t=1	t=2	t=4342	t=4343
2	단군출산			1.5E+17			
3	4천년추앙			3,650,000	3,650,000	3,650,000	3,650,000
4	편익소계	1.5E+17	0	1.5E+17	3650000	3650000	3650000
5	쑥값		100,000				
6	마늘값		195,000				
7	100노동비		3,000,000				
8	비용소계	3,295,000	3,295,000				
9							
10							
11	NPV	145,631,068,082,831,000					
12	r(=연3%)	0.03					
13	B-C(순편익	150,000,015,848,586,000					
14	BCR	45,523,525,296					

2 2단계 선택결정과정

의사결정자가 최종결정을 하기 위해 고려대상 중에 있는 대안들을 효과적으로 좁혀나가는 작업이 그 비법이다. 이러한 과정을 거치면서 의사결정 시 불필요하게 소모되는 에너지를 줄이고 의사결정자의 선호에 맞게 최종결정을 할 수 있다.

• 1단계 선택결정과정: 우선 제외대상 대안 골라내기

대안들의 의사결정목적, 최소목표, 필수충족조건의 적합성 여부를 Yes or No로 점검한다.

• 2단계 선택결정과정: 1등으로 결합된 대안 선택하기

NPV > 0, B/C 비율 > 1, 순편익 > 0일 때, 의사결정대상은 경제적으로 타당하다고 판단할 수 있다.

의사결정대상	웅녀, 100일을 참을까, 말까?	적합여부
의사결정목적	행복과 기쁨이 가득 찬 나라에서 사람으로 사는 것	Y
최소 목표	곰으로 사는 동물세상을 벗어나 사람으로서 인간세상에서 사는 것	Y
필수충족조건	100일 동안 버텨도 죽지 않고 살 수 있어야 한다. 모습뿐 아니라 기능을 갖춘 본연의 인간이 되어야 한다.	Y
NPV	14경 5천조 원	NPV > 0
BCR	450억 배	BCR > 1
순편익	15경 원	이득

↓

웅녀가 100일 참기로 결정한 것은 우리 민족사를 위해서도 너무 잘한 결정이다. 뿐만 아니라 경제적 가치로 환산할 수 있는 항목들에 대한 편익과 비용만을 추산한 결과 BCR은 50억 배, 순편익은 15경 158억 9천 6백 7십만 원으로 나타나 웅녀가 매우 탁월한 선택을 하였다는 것을 뒷받침해 준다.

선택받은 단군자손이여 영원하라~

Episode 2

잭, 소와 요술콩을 바꿀까, 말까?

"잭과 콩나무"라는 동화책 속의 주인공의 의사결정을 비법을 통해 들여다 보자.

아주 먼 옛날, 영국의 어느 마을에 잭이라는 남자아이가 어머니와 단둘이 살았어요. 아버지는 잭이 어렸을 때 아파서 돌아가셨지요.

그러던 어느 날, 잭의 어머니마저 병에 걸리고 말았는데 잭의 집은 너무 가난해서 약을 살돈이 없었어요. 어린 잭은 어머니의 병을 낫게 하기 위해 전 재산이나 다름없는 소를 끌고 집을 나섰어요.

장에 가는 길에 잭은 한 아저씨를 만났는데 아저씨는 손에 있는 콩을 보여주며 요술콩 이라고 소와 바꾸자고 합니다.

잭은 소를 팔아서 어머니 약을 사야 한다며 처음에는 사지 않는다고 합니다. 그러나 아저씨가 행복이 열리는 콩이라고 어머니의 병도 나을 수 있다는 말에 결국 소와 콩을 바꾸게 됩니다.

어머니 병을 나을 수 있다는 생각에 잭은 기분 좋게 집에 오지만 잭의 어머

니는 잭이 전재산인 소와 콩을 바꾼 것을 알고는 화를 내며 콩을 창밖으로 던져 버립니다.

그러나 다음날 아침 창밖을 내다본 잭과 어머니는 밤사이 하늘끝까지 자란 콩나무를 보고 깜짝 놀라게 됩니다.

잭은 하늘 끝까지 뻗어있는 콩나무 줄기를 타고 올라가 우연히 거인이 사는 성에 가게 됩니다. 잭은 그곳에서 거인을 무찌르고 거인의 세가지 보물을 가지고 무사히 집으로 돌아와 정말 요술콩을 판 아저씨 말처럼 어머니와 행복하게 오래오래 살게 됩니다.

잭이 소와 요술콩을 바꾸기로 한 선택, 과연 잘한 걸까?
3-4-2기법을 통해 점검해 보자.

3 3단계 구조화 비법

• 1단계: 의사결정의 목적이 무엇인가를 파악하라.

행복해지고 어머니 병도 낫게 할 수 있다.

• 2단계: 최소한의 목표는 무엇인가를 정하라.

어머니 병이 나을 수 있는 약을 사는 것

• 3단계: 반드시 만족시켜야 할 조건에는 어떤 것이 있는가를 선정하라.

어머니가 약만 먹으면 병이 나을 수 있고 콩파는 아저씨가 진실한 사람이라 요술콩이 진짜여야 한다.

4 4가지 의사결정요소 분석

• 분석 1: 편익분석

어머니 병완쾌, 금화자루, 금하프, 황금 낳는 거위, 권선징악의 교훈 등

	편익항목	산출기준
보이는 편익 (경제적 편익)	금화자루	100냥 추정, 1돈 20만 원 100×10×2십만 원=2억 원
	금하프	35kg×266돈×20만 원≈19억 원
	황금 낳는 거위	거위 수명 40~50년, 1년에 3개월 알 낳을 수 있고 1개 150g 40년×3개월×30일×150×0.266돈×20만 원≈287억 원
보이지 않는 편익 (사회적 편익)	어머니 병완쾌	–
	권선징악의 교훈	–

• 분석 2: 비용분석

소 한 마리, 요술콩 현실화되기전까지 위험부담, 거인을 무찌르는데 필요한 노고 등

	비용항목	산출기준
보이는 비용 (경제적 비용)	소 한 마리	500만 원
보이지 않는 비용 (사회적 비용)	위험부담	
	노고	

• 분석 3: 할인율 설정

잭은 가난한 집의 전 재산인 소를 무엇과 바꿀것이냐, 즉 무엇에 투자할

것인가를 결정하는 것이므로 고위험 투자를 결정하는 것이다. 이를 감안한다면 요구수익률이 클 것이고 현재 대부업의 법정이자율인 연 30%를 할인율로 설정하여 분석한다.

• 분석 4: 시간범위 설정

잭이 비용을 지출하는 기간은 한 해에 그치지만 효과를 얻는 기간은 거위의 수명인 최소 40년으로 추정될 수 있으므로 시간범위를 40년으로 설정하고자 한다.

분석종합 : 현금흐름 분석

편익과 비용 항목별 시간범위의 현금흐름을 아래와 같이 작성할 수 있고 Excel 프로그램을 이용하여 NPV와 BCR을 추정하였다.

AS17

	A	B	C	D	E	F	AP	AQ
1			t=0	t=1	t=2	t=3	t=39	t=40
2	금화자루		200,000,000					
3	금하프		1,900,000,000					
4	황금거위		718,200,000	7.18E+08	7.18E+08	7.18E+08	7.18E+08	7.18E+08
5	편익소계	31,546,200,000	2,818,200,000	7.18E+08	7.18E+08	7.18E+08	7.18E+08	7.18E+08
6	소한마리		- 5,000,000					
7	비용소계	-5000000	- 5,000,000					
8								
9	NPV	4,009,333,548						
10	r(=연30%)	0.3						
11	B-C(순편익)	31,541,200,000						
12	BCR	6,309						

2 2단계 선택결정과정

의사결정자가 최종결정을 하기 위해 고려대상 중에 있는 대안들을 효과적으로 좁혀나가는 작업이 그 비법이다. 이러한 과정을 거치면서 의사결정시 불필요하게 소모되는 에너지를 줄이고 의사결정자의 선호에 맞게 최종결정을 할 수 있다.

- 1단계 선택결정과정: 우선 제외대상 대안 골라내기

대안들의 의사결정목적, 최소목표, 필수충족조건의 적합성 여부를 Yes or No로 점검한다.

- 2단계 선택결정과정: 1등으로 결합된 대안 선택하기

NPV > 0, B/C 비율 > 1, 순편익 > 0일 때, 의사결정대상은 경제적으로 타당하다고 판단할 수 있다.

의사결정대상	잭, 소와 요술콩을 바꿀까 말까?	적합여부
의사결정목적	행복해지고 어머니 병도 낫게 할 수 있다	Y
최소 목표	어머니 병이 나을 수 있는 약을 사는 것	Y
필수충족조건	어머니가 약만 먹으면 병이 나을 수 있고 콩파는 아저씨가 진실한 사람이라 요술콩이 진짜여야 한다.	Y
NPV	40억 원	NPV > 0
BCR	6309배	BCR > 1
순편익	315억원	이득

↓

잭이 전재산인 소(500만 원)를 투자해서 요술콩을 산다면 순편익이 약 28억 원이고 BCR이 4천 배를 예상할 수 있으므로 위험도가 매우 높은 투자대상이기는 하지만 그만큼 투자수익도 높아 High Risk, High Return의 사례 투자결정을 하는 것이 합리적이다.

Episode 3

효녀심청, 쌀 삼백 석과 자신의 목숨을 바꿀까, 말까?

《심청전》이라는 책 속에서 주인공의 선택을 의사결정비법을 통해 들여다 보자.

어느 마을에 앞을 못 보는 심봉사가 살았습니다. 심봉사에게는 청이라는 딸이 하나 있었는데 태어나자마자 어머니가 돌아가시고 심봉사는 우는 청이를 안고 젖동냥을 다녔습니다. 무럭무럭 자란 청이는 아버지에 대한 효심이 남달랐습니다. 눈이 안 보이는 아버지를 대신하여 남의 집 일을 도와주면서 음식을 얻어와 아버지를 봉양했습니다. 이렇게 착한 청이가 마음에 들어 한 마을의 부잣집 마님이 청이를 양녀로 삼으려 했지만 청이는 자신의 행복보다 아버지 심봉사를 생각해서 거절을 합니다.

그러던 어느 날 아버지 심봉사는 일하러 간 청이를 마중 나가다 그만 개천에 풍덩 빠지게 됩니다. 이때 다행히 지나가던 스님이 심봉사를 구해 주게 되는데 스님은 심봉사에게 부처님께 쌀 삼백 석만 바치면 눈을 뜰 수 있다고 이야기 합니다. 그러자 심봉사는 공양미 삼백 석을 바치기로 스님과 약속을 하게 됩니다.

그러나 쌀 삼백 석을 구할 길 없는 가난한 심봉사는 시름시름 앓게 되고 결국 딸 청이는 이러한 사연을 알게 됩니다. 심봉사의 눈을 뜨게 하기 위해 청이는 자신을 인당수의 제물로 쌀 삼백 석에 뱃사람에게 팔고 아버지에게는 대감마님 댁에 양녀로 들어간다고 거짓말을 합니다. 심청이 뱃사람에게 팔려가는 날 모든 걸 알아차린 아버지는 만류하지만 청이는 아버지의 눈을 뜨게 하기 위해 뱃사람들을 따라 나섭니다.

인당수의 제물로 바다에 뛰어들게 된 청이는 아버지의 눈을 뜨게 해달라는 기도와 혼자 남으신 아버지의 봉양을 부탁하며 인당수에 뛰어 들게 됩니다. 다행히 심청의 착한 효성에 감복한 용왕님의 도움으로 청이는 연꽃으로 피어나 왕비가 됩니다.

왕비가 되어서도 아버지의 안부가 궁금한 심청은 아버지를 만나기 위해 나라 안의 봉사들을 궁궐로 초대하여 잔치를 열게 되는데 마지막 날 아버지 심봉사를 만나게 됩니다.

그동안 공양미 삼백 석에 딸을 판 죄책감에 슬픔의 나날을 보내던 심봉사는 심청을 만나자 딸 심청을 보기 위해 눈을 뜨게 되고 눈뜬 심봉사와 심청이는 행복하게 살았답니다.

효녀심청, 자신의 목숨을 쌀 삼백석과 바꾼 선택, 과연 잘한 걸까?
3-4-2기법을 통해 점검해 보자.

3 3단계 구조화 비법

• 1단계: 의사결정의 목적이 무엇인가를 파악하라.

아버지의 눈을 뜨게 하고 아버지가 잘 봉양 받는 것

• 2단계: 최소한의 목표는 무엇인가를 정하라.

아버지가 눈을 뜨게 되는 것

• 3단계: 반드시 만족시켜야 할 조건에는 어떤 것이 있는가를 선정하라.

심봉사가 눈을 뜨는 데 드는 비용으로 쌀 삼백 석 이외의 비용이 들지 않는다. 심봉사가 딸에 대한 죄책감으로 죽음을 택하거나 죽음에 이르는 병에 걸리지 않고 건강하게 산다.

4 4가지 의사결정요소 분석

• 분석 1: 편익분석

아버지 시력을 되찾은 기쁨, 효녀의 대명사로 추앙, 용궁 체험, 왕과의 결혼, 재물단장을 위한 한복한벌, 풍요로운 삶, 쌀 삼백석 등

	편익항목	산출기준
보이는 편익 (경제적 편익)	쌀 삼백 석	쌀 80kg 20만 원 300석×2가마니×80kg×20만 원=96억 원
	한복 1벌	결혼한복비용 1벌 100만 원
	왕과의 결혼	왕비로써 왕의 월급을 쓸 수 있고 80세까지 산다는 전제하에 현재 대통령 연봉 1억 3천만 원 적용 1억 3천만 원×0.5×64년= 41억 6천만 원
	용궁 체험	세계에서 가장 비싼 아테네 소재 호텔 숙박료 4,7000 달러 적용 47,000달러×1100원×7일≈3억 6천만 원

(계속)

	편익항목	산출기준
보이지 않는 편익 (사회적 편익)	시력 찾은 기쁨	–
	효녀의 대명사	–
	풍요로운 삶	–

• 분석 2: 비용분석

심청이 목숨, 아버지와 이별, 부잣집 양녀로서의 삶 등

	비용항목	산출기준
보이는 비용 (경제적 비용)	심청이 생계지원비 포기비용	16세인 심청이가 월 최저생계비 90만 원(2인 가구)을 80세까지 받는다는 전제 90만 원×12개월×64년=6억 9천만 원
보이지 않는 비용 (사회적 비용)	아버지와 이별	–
	부잣집 양녀 삶	–

• 분석 3: 할인율 선정

효녀 심청이는 본인의 목숨과 쌀 삼백석과 바꿀 것이냐를 결정하는 것이므로 고위험 투자를 결정하는 것이다. 이를 감안한다면 요구수익이 매우 클 것이므로 현재 법정 대부업의 연 30%를 할인율로 적용하고자 한다.

• 분석 4: 시간범위 설정

심청이가 포기해야하는 기회비용의 기간과 왕의 수입을 같이 쓸 수 있는 기간이 시간범위가 될 수 있는데 현재 16세인 청이가 80세까지 산다는 전제하에 시간범위는 64년으로 설정한다.

분석종합 : 현금흐름 분석

편익고와 비용 항목별 시간범위의 현금흐름을 아래와 같이 작성할 수 있고 Excel 프로그램을 이용하여 NPV와 BCR을 추정하였다.

E13 *fx*

	A	B	C	D	E	BN	BO
1	단위: 원		t=0	t=1	t=2	t=63	t=64
2	쌀삼백석		9,600,000,000				
3	한복1벌		1,000,000				
4	왕과의 결혼		65,000,000	65,000,000	65,000,000	65,000,000	65,000,000
5	용궁체험		360,000,000				
6	편익소계	14,186,000,000	10,026,000,000	65,000,000	65,000,000	65,000,000	65,000,000
7	생계지원비포기		- 10,800,000	- 10,800,000	- 10,800,000	- 10,800,000	- 10,800,000
8	비용소계	- 702,000,000	- 10,800,000	- 10,800,000	- 10,800,000	- 10,800,000	- 10,800,000
9							
10	NPV	7,878,974,349					
11	r(=연30%)	0.3					
12	B-C(순편익)	14,888,000,000					
13	BCR	20					

2 2단계 선택결정과정

의사결정자가 최종결정을 하기 위해 고려대상 중에 있는 대안들을 효과적으로 좁혀나가는 작업이 그 비법이다. 이러한 과정을 거치면서 의사결정시 불필요하게 소모되는 에너지를 줄이고 의사결정자의 선호에 맞게 최종결정을 할 수 있다.

- 1단계 선택결정과정: 우선 제외대상 대안 골라내기

대안들의 의사결정목적, 최소목표, 필수충족조건의 적합성 여부를 Yes or No로 점검한다.

- 2단계 선택결정과정: 1등으로 결합된 대안 선택하기

NPV > 0, B/C 비율 > 1, 순편익 > 0일 때, 의사결정대상은 경제적으로 타당하다고 판단할 수 있다.

의사결정대상	효녀심청, 쌀 삼백 석과 자신의 목숨을 바꿀까, 말까?	적합여부
의사결정목적	아버지의 눈을 뜨게 하고 아버지가 잘 봉양 받는 것	Y
최소 목표	아버지가 눈을 뜨게 되는 것	Y
필수충족조건	심봉사가 눈을 뜨는 데 드는 비용으로 쌀 삼백 석 이외의 비용이 들지 않는다. 딸에 대한 죄책감으로 죽음을 택하거나 죽음에 이르는 병에 걸리지 않고 건강하게 산다.	Y
NPV	약 79억 원	NPV > 0
BCR	20배	BCR > 1
순편익	148억 8천 8백만 원	이득

효녀 심청이는 본인의 목숨을 내걸고 의사결정을 하는 만큼 위험도가 매우 높은 의자결정대상이다. 하지만, 효녀로서 권선의 댓가로는 작다고도 할 수 있지만 추정될 수 있는 금전적 편익만을 고려하다고 해도 순편익이 약 148억 정도로 아버지를 위해 선행을 결정한 결과가 금전적 분석 결과로 부터도 그 타당성을 인정받고 있다. NPV는 79억 원으로 0보다 크고 BCR은 20배로 1보다 크며 순편익도 큰 액수로 이득이라고 판단할 수 있다.

Episode 4

고3 수험생, 서울대 공대를 갈까, 지방대 의대를 갈까?

이번 수시모집에 지방대 의대와 서울대 공대에 동시에 합격한 상혁군이 평생을 좌우할 수 있는 의사결정을 하려고한다. 그 과정을 들여다 보자.

상혁군은 서울에서 나고 자랐으며 로봇공학자로서의 꿈을 가지고 있다. 서울대의 위상과 브랜드를 생각하면 서울대학교 공과대학을 가는 것이 좋을 것 같다. 서울대 공대를 졸업하면 유학을 가기가 쉬워지고 외국학위를 받아 귀국할 경우 좋은 곳에 취직을 할 수도 있을 것 같다. 하지만 요즘 신문기사에 등장하는 공대 박사의 찬밥 대우, 심각한 고학력 실업 문제 등을 고려한다면 공대 지망의 미래가 밝지만은 않다. 시간과 비용 투자대비 얻게 되는 보상이 불투명하다는 것이 불안요인으로 작용한다. 특히 요즘 서울대 공대생들의 치의예과로의 편입이나 이탈이 많은 실정을 볼 때면 더욱더 공대진학결정에 자신이 없어진다.

반면 지방대 의대는 상혁군 장래희망과는 거리가 있지만 많은 사람이 선망하는 직업이라는데 매력이 있다. 어느 정도 미래가 보장된다는 장점도 있다.

전문의가 되기 위해서는 시간도 비용도 공대보다 많이 든다. 또한 지방에 머무는 생활비와 자취비용 등 경제적으로 많은 지원도 필요하다. 이러한 막대한 투자에 비해 예전보다 안정적 미래가 보장되는 것은 아닌 것 같다. 파산하거나 경영의 어려움을 겪는 병원도 늘어나고 있는 실정이다. 특히 서울에서 개원을 하려면 서울에 있는 대학의 의대를 나와야 유리한데 지방의대라 이점이 마음에 걸린다.

부모님은 지방대의대라도 지방에서 개원할 수도 있는 것이라고 의대를 더 추천하신다. 오히려 서울은 병원간 경쟁이 너무 심한 반면 지방은 의사가 귀하기 때문에 더 좋을 수 있다는 의견이시다. 특히 사촌형의 경우 일부러 지방에 개원을 해서 돈을 모은 다음 서울에 개원했는데 지방에서 병원을 운영할 당시 많은 재원을 확보하여 서울에서 개원할 때 대출에 대한 부담이 많이 없어 병원이 잘 경영되고 있다고 한다.

고3수험생의 진로선택, 과연 어떻게 하는것이 잘하는 걸까?
3-4-2기법을 통해 점검해 보자.

3 3단계 구조화 비법

- 1단계: 의사결정의 목적이 무엇인가를 파악하라.

> 이번 입시에서 본인의 장래직업이 결정되는 대학과 전공을 선택해야 한다.

- 2단계: 최소한의 목표는 무엇인가를 정하라.

> 재수하지 않고 올해 진학한다.

• 3단계: 반드시 만족시켜야 할 조건에는 어떤 것이 있는가를 선정하라.

직업군에 대한 여건이 장래에도 지금과 같아야 한다.
상혁군은 서울대 공대(대안 1)와 지방대 의대(대안 2) 중 한 곳을 선택하는 것이 최선이며 둘을 동시에 할 수는 없다. 학위를 마칠 때까지 중도하차의 원인은 발생하지 않는다.

4 4가지 의사결정요소 분석

복수 대안일 경우, 대안별로 4가지 의사결정 요소를 분석한다.

대안 1 : 서울대 공대

• 분석 1: 편익분석

상혁군의 꿈을 이룰 수 있음, 장학금, 포닥수입, 공학박사의 연봉을 받음, 로봇공학발전에 이바지, 서울대동문의 학연

	편익항목	산출기준
보이는 편익 (경제적 편익)	박사과정 3년간 장학금과 생활비원비	5만 달러×3년×1100원=1억 6천5백만 원
	포닥수입	32세 34세 포닥 근무 3년×연봉 3천만 원=9천만 원
	공대 교수 수입	35세에 국내 대학교수로 채용, 65세 정년까지 근무 30년 평균연봉 6천만 원 적용 31년×6천만 원=18억 6천만 원
보이지 않는 편익 (사회적 편익)	꿈 실현	–
	학계발전 이바지	–
	학연	–

• 분석 2: 비용분석

4년 학부 학비, 5년 대학원 학비, 유학생활비, 귀국하지 않을 시 인재유

출비용, 외국생활의 외로움 등

	비용항목	산출기준
보이는 비용 (경제적 비용)	학부 4년 학비	1학기 등록금 330만 원×8회=2,640만 원
	대학원 5년 학비	1년 학비 4만 달러×5년×1100원=2억 2천만 원
	유학생활비	월 500달러×1,100원×12개월×5년=3천3백만 원
보이지 않는 비용 (사회적 비용)	인재유출비용	–
	외로움	–

• 분석 3: 할인율 선정

서울대 공대를 선택하여 유학을 다녀온 후 공대 교수가 되는 것을 선택하는 것은 현재 열악해지고 있는 상황을 고려할 때 무위험 대안의 경우 적용할 수 있는 물가상승률보다는 높은 장기적금이 이자 정도의 요구수익률 5%를 할인율로 선정한다.

• 분석 4: 시간범위 설정

현재 20세 대학 진학의 의사결정을 하는 시점 20세부터 편익발생이 종료되는 시점 65세 정년까지를 고려하여 시간범위를 45년으로 설정한다.

분석종합 : 현금흐름 분석

편익과 비용 항목별 시간범위의 현금흐름을 아래와 같이 작성할 수 있고 Excel 프로그램을 이용하여 NPV와 BCR을 추정하였다.

Q14 ▾ f_x

	A	B	C	D	J	L	P	Q	R
2	단위: 원		t=0	t=1	t=7	t=9	t=13	t=14	t=15
3	장학금및생활지원금					165,000,000			
4	포닥수입						30,000,000	30,000,000	30,000,000
5	공대교수수입								
6	편익소계	2,445,000,000	-	-	-	165,000,000	30,000,000	30,000,000	30,000,000
7	학부4년학비		- 6,600,000	- 6,600,000					
8	대학원5년학비				- 22,000,000	- 22,000,000			
9	유학생활비					- 6,600,000			
10	비용소계	- 169,400,000	- 6,600,000	- 6,600,000	- 22,000,000	- 28,600,000	-	-	-
11									
12	NPV	867,099,821							
13	r(=연5%)	0.05							
14	B-C(순편익)	2,275,600,000							
15	BCR	- 14							

»»» 대안 2 : 지방대 의대

- 분석 1: 편익분석

선망 업종에 종사, 의사수입, 의료행위에 대한 보람 등

	편익항목	산출기준
보이는 편익 (경제적 편익)	인턴 및 레지던트 수입	인턴1년 레지던트 4년을 하며 월 250만원을 받는다는 가정하에 월 250만 원×12개월×5년=1억 5천만 원
	전문의 수입	현재 500만 원에서 1500만원정도의 수익을 감안하여 월 1천만 원 34세부터 80세까지 적용 1천만 원×12개월×46년≈55억
보이지 않는 편익 (사회적 편익)	꿈 실현	–
	학계발전이바지	–
	학연	–

• 분석 2: 비용분석

학부6 년 학비, 공대 희망 인력 흡수에 따른 사회적 손실 등

	비용항목	산출기준
보이는 비용 (경제적 비용)	학부 6년 학비	지방의대 1학기 등록금 900만 적용 900만 원×2회×6=1억8백만 원
	생활비	월 100만 원×12개월×6년=7천 2백만 원
보이지 않는 비용 (사회적 비용)	인재유출비용	–
	외로움	–

• 분석 3: 할인율 선정

지방대 의대를 선택하여 전문의가 되는 것은 현재 여건을 고려할 때 비교적 안정적 직업군에 속하고 현재 얻을 수 있는 편익이 장래에도 대부분 유지된다는 점에서 무위험 대상으로 판정하여 물가상승률 연 3% 정도의 할인율을 적용한다.

• 분석 4: 시간범위 설정

현재 대학진학의 의사결정 시점인 20세부터 편익발생이 종료되는 80세 정년까지를 고려하여 시감범위를 61년으로 설정한다.

2 2단계 선택결정과정

의사결정자가 최종결정을 하기 위해 고려대상 중에 있는 대안들을 효과적으로 좁혀나가는 작업이 그 비법이다. 이러한 과정을 거치면서 의사결정시 불필요하게 소모되는 에너지를 줄이고 의사결정자의 선호에 맞게 최종결정을 할 수 있다.

• 1단계 선택결정과정: 우선 제외대상 대안 골라내기

대안1과 대안2는 의사결정의 목적과 최소목표에는 적합한 대안이지만 필수충족조건 중 학위를 마칠 때까지 중도하차의 원인은 발생하지 않는다는 조건은 여건변화 가능성으로 인해 대안2보다는 떨어진다고 할 수 있다.

대안2를 우선 고려하여 2단계로 넘어가 보자.

• 2단계 선택결정과정: 1등으로 결합된 대안 선택하기

NPV, BCR, 순편익 모두 대안 2가 대안1보다 더 나은 것으로 나타나므로 대안2 선택이 유력하다고 할 수 있다.

분석종합 : 현금흐름 분석

편익과 비용 항목별 시간범위의 현금흐름을 아래와 같이 작성할 수 있고 Excel 프로그램을 이용하여 NPV와 BCR을 추정하였다.

H38 ▾ fx

	A	B	C	D	H	M	R	BK	BL
18	단위: 원		t=0	t=1	t=5	t=10	t=15	t=60	t=61
19	인턴과레지던트수입					30,000,000			
20	전공의수입						120,000,000	120,000,000	120,000,00
21	편익소계	5,790,000,000	-	-	-	30,000,000	120,000,000	120,000,000	120,000,00
22	학부6년학비		- 18,000,000	- 18,000,000	- 18,000,000				
23	지방자취생활비			- 12,000,000	- 12,000,000				
24	비용소계	- 180,000,000	- 18,000,000	- 30,000,000	- 30,000,000	-	-	-	
25									
26	NPV	2,189,850,004							
27	r(=연3%)	0.03							
28	B-C(순편익)	5,610,000,000							
29	BCR	32							

<table>
<tr><th>의사결정대상</th><th>고3생, 서울대 공대를 갈까, 지방대 의대를 갈까?</th><th>적합여부
대안 1 | 대안 2</th></tr>
<tr><td>의사결정목적</td><td>이번 입시에서 본인의 장래직업이 결정되는 대학과 전공을 선택해야 한다.</td><td>Y | Y</td></tr>
<tr><td>최소 목표</td><td>재수하지 않고 올해 진학한다.</td><td>Y | Y</td></tr>
<tr><td>필수충족조건</td><td>직업군에 대한 여건이 장래에도 지금과 같아야 한다. 상혁군은 서울대 공대(대안1)와 지방대 의대(대안2) 중 한 곳을 선택하는 것이 최선이며 둘을 동시에 할 수는 없다. 학위를 마칠 때까지 중도하차의 원인은 발생하지 않는다.</td><td>N | Y
여러
여건
변화
가능</td></tr>
</table>

의사결정지표	대안 1	대안 2	판단
NPV	약 8억 6천만 원	21억 9천만 원	NPV > 0
BCR	14배	32배	BCR > 1
순편익	22억 7천 5백만 원	56억 1천만 원	이득

상혁이는 공부를 무척 잘해서 행복한 고민을 하고 있지만 평생을 좌우할 수 있는 진로선택에 있어서 중대한 결정을 하는 것이다. 본인의 꿈이었던 로봇공학자가 되는 것보다 현실적으로 안정적이고 선망을 받는 직업을 선택하기로 결정했으며 경제적 수치상으로도 상혁이의 결정에 타당성을 제시해 주고 있다. 서울대 공대를 선택(대안 1)하는 것보다 지방대 의대를 선택(대안 2)했을 때 NPV는 12억이 더 많고, BCR도 두 배 이상이며, 순편익도 두 배 이상이 됐을 것으로 추정되었다.

저자도 공학도의 한 사람으로서 바람을 얘기하자면, 경제적 타당성이라는 것은 금전적으로 환산될 수 있는 것만을 기반으로 추정된 것이기 때문에 상혁이가 본인의 꿈을 이루고자 하는 포부가 매우 크다면 대안 1을 선택하는 것도 훌륭한 결정이라고 박수쳐주고 싶다.

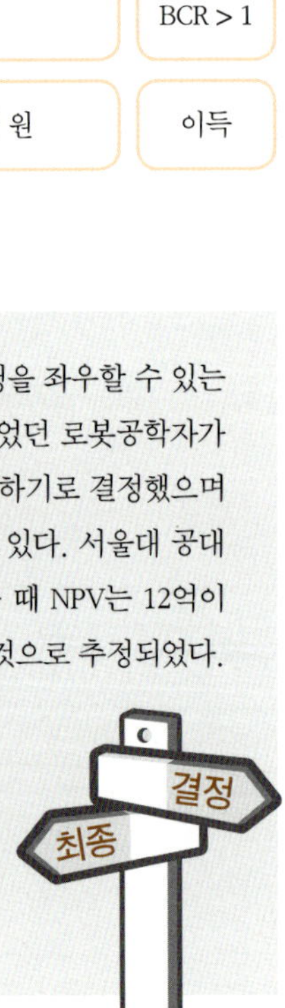

Episode 5

골드미스, 결혼 할까, 말까?

남성 못지 않은 사회적 성취를 이룬 '골드미스'의 입장에서 결혼이라는 것은 평생을 좌우하는 중대사이다. 무엇이 고민인지 들여다 보자.

출판사 사장 일을 하면서 정치학 박사 과정을 밟는 박사장은 독신주의자는 아니지만, 너무 바빠서 37세까지 결혼할 엄두를 내지 못하고 있다.

출판사도 안정적인 사업이라기보다는 이제 20여 권의 사회과학 서적을 발행한 신생업체이고 학위논문 때문에 새벽에 나가 밤 늦게 들어오는 생활을 반복하고 있어 결혼에 대한 여유를 가질 수 없으며 일에 대한 자기성취가 매우 크기 때문이다. 하지만 노년의 고독이 싫어 가끔 결혼을 생각해본다. 이때마다 망설이게 하는 것이 능력 있는 선배들이 결혼하면서 직장이나 사회생활을 포기하고 가정과 육아

에 매달리는 모습을 보고 안타까움을 느꼈던 기억이다. 어떤 선배의 경우, 오히려 남편이 퇴직하고 MBA 과정에 들어가면서 가계를 책임지느라 항상 정신없는 듯 사는 모습을 보니 결혼이 주는 무거운 책임감이 두렵기만 하다. 막대한 육아 시간과 비용은 경제적 여유와 자신의 시간을 완전히 반납하고 있는 것을 볼 때 엄두가 나질 않는다.

그에 비해 지금 나는 비록 당장 바쁘게 살긴 하지만 출판사도 안정되고 학위논문도 마치게 되면 1달간 유럽 배낭여행을 다녀오고자 하는 희망찬 계획도 있다. 물론 이러한 내 생활과 계획은 지금 싱글이라서 가능한 이야기이다.

그럼에도 불구하고 결혼에 대한 미련이 남는 까닭은 한국사회의 통념상 결혼 안 한 여자에게는 중대한 결함이 있고, 가정을 꾸리지 않은 여자는 성공도 반쪽짜리일 뿐이라고 보는 주변의 시선 때문이다.

또한 아직은 젊어 주변에 친구나 선후배가 있지만 50세 이후를 생각하면 그 친구들이 계속 옆에 있을지 모르고 그런 외로움보다는 차라리 자식이나 남편, 가족이라는 안식처가 필요하지 않을까 하는 생각 때문이다.

결혼을 할지 안할지, 아니 할 수 있을지 없을지 고민하고 있다. 결혼 해도 후회 안해도 후해라는데 그냥 해보는 쪽으로 마음이 기울고 있다.

골드미스의 결혼 선택, 과연 잘하는 걸까?
3-4-2기법을 통해 점검해 보자.

3 3단계 구조화 비법

- 1단계: 의사결정의 목적이 무엇인가를 파악하라.

자기성취도 할 수 있으면서 노년에 고독하지 않은 결혼생활을 하고 싶다.

• 2단계: 최소한의 목표는 무엇인가를 정하라.

결혼을 통해 노년이 고독하지 않게 된다.

• 3단계: 반드시 만족시켜야 할 조건에는 어떤 것이 있는가를 선정하라.

노년을 함께 보낼 수 있도록 배우자 또는 자녀가 곁에 존재한다. 본인의 의지로 결정할 수 없는 결혼생활의 여건변화는 일어나지 않는다.

4 4가지 의사결정요소 분석

• 분석 1: 편익분석

여성의 로망스 웨딩드레스촬영, 남편의 수입, 결혼 축의금, 평생의 동반자, 출산가능성, 가족이 주는 심리적 안정 등

	편익항목	산출기준
보이는 편익 (경제적 편익)	웨딩드레스 촬영	웨딩드레스대여와 촬영비 250만 원
	남편의 수입	남편은 39세로 대기업의 과장으로 연봉과 성과금을 합친 총연봉 8천 4백만 원, 연평균 인상률 6%, 대기업 퇴직 임원 평균 나이 54.7세 적용 약 23억 7천만 원
	결혼 축의금	200명×5만 원=1000만 원
보이지 않는 편익 (사회적 편익)	평생의 동반자	
	출산 가능성	
	가족이 주는 심리적 안정	

• 분석 2: 비용분석

싱글의 자유로움, 결혼비용, 가족생활에서 기인된 자기성취감 저하, 학업 등 자기발전에 대한 기회비용, 실질연봉감소, 가사노동

	비용항목	산출기준
보이는 비용(경제적 비용, 현금흐름 참조)	결혼비용	한국소비자원의 조사에 의하면 주택자금을 제외한 혼수 비용 1,819만 원, 피로연과 신혼여행 경비등 비용 1,043만 원을 적용 1,431만 원
	실질연봉감소	현재 출판사 사장 연봉이 6천만 원인데 결혼에 따른 비즈니스 활동 감소로 연봉 증가는 물가상승 정도만 고려. 결국 실질연봉은 평균증가율–물가상승률만큼 감소, 65세 퇴직 시까지 적용 약 7억 7천 3백만 원 감소
	가사노동	가사노동시간(아침 2시간, 저녁 4시간 80세까지로 가정, 가사도우미 4시간 임금 4만 원) 1일×4만 원×365일×44년=6억 4천 2백만 원
보이지 않는 비용(사회적 비용)	싱글의 자유로움	–
	자기성취감 저하	–
	자기발전의 기회비용	–

• 분석 3: 할인율 선정

골드미스, 결혼할까 말까는 평생을 좌우하는 결정이며 죽는 날까지 영향을 미치는 결정인 만큼 고위험 의사결정 대상이된다. 이를 감안하여 요구수익률을 고위험이자율 30%로 설정하고 이를 할인율로 적용한다.

• 분석 4: 시간범위 설정

골드미스가 결혼을 결정할 때 예상되는 편익은 남편의 수입이 들어오는 기간 17년이 가장 긴 기간인 반면, 비용발생은 가사노동비용으로 박사장의 평균수명까지 43년 동안 발생하므로 시간범위는 43년으로 설정한다.

분석종합 : 현금흐름 분석

편익과 비용 항목별 시간범위의 현금흐름을 아래와 같이 작성할 수 있고 Excel 프로그램을 이용하여 NPV와 BCR을 추정하였다.

AS19

	A	B	C	D	E	AS	AT
1	단위:원		t=0	t=1	t=2	t=42	t=43
2	웨딩드레스 촬영		2,500,000				
3	남편의 수입			84,000,000	89,040,000		
4	(연평균연봉인상률반영)	0.06			5,040,000		
5	결혼축의금		10,000,000				
6	편익소계	2,382,381,900	12,500,000	84,000,000	89,040,000		
7	결혼비용		- 14,310,000				
8	가사노동비용			- 14,600,000	- 14,600,000	- 14,600,000	- 14,600,000
9	실질연봉감소				- 18,000,000		
10				600,000,000	618,000,000		
11	(물가사승률반영)	0.03			18,000,000		
12					636,000,000		
13	(연평균연봉인상률반영)	0.06			36,000,000		
14	비용소계	- 1,414,866,605	- 14,310,000	- 14,600,000	- 32,600,000	- 14,600,000	- 14,600,000
15							
16	NPV	269,684,272					
17	r(=연5%)	0.3					
18	B-C(순편익)	967,515,295					
19	BCR	2					

2 2단계 선택결정과정

의사결정자가 최종결정을 하기 위해 고려대상 중에 있는 대안들을 효과적으로 좁혀나가는 작업이 그 비법이다. 이러한 과정을 거치면서 의사결정시 불필요하게 소모되는 에너지를 줄이고 의사결정자의 선호에 맞게 최종결정을 할 수 있다.

- 1단계 선택결정과정: 우선 제외대상 대안 골라내기

대안들의 의사결정목적, 최소목표, 필수충족조건의 적합성 여부를 Yes or No로 점검한다.

- 2단계 선택결정과정: 1등으로 결합된 대안 선택하기

NPV > 0, B/C 비율 > 1, 순편익 > 0일 때, 의사결정대상은 경제적으로 타당하다고 판단할 수 있다.

의사결정대상	골드미스, 결혼할까, 말까?	적합여부
의사결정목적	자기성취도 할 수 있으면서 노년에 고독하지 않은 결혼생활을 하고 싶다	Y
최소 목표	결혼을 통해 노년이 고독하지 않게 된다.	Y
필수충족조건	노년을 함께 보낼 수 있도록 배우자 또는 자녀가 곁에 존재한다. 본인의 의지로 결정할 수 없는 결혼생활의 여건변화는 일어나지 않는다.	Y
NPV	약 2억 7천만 원	NPV > 0
BCR	2배	BCR > 1
순편익	9억 7천만 원	이득

↓

박사장이 결혼을 선택했을 때 금전적으로 산출될 수 있는 항목만을 고려한 결과 NPV는 약 2억 7천만 원 정도이고 BCR은 2배, 순편익은 9억 7천만 원 정도로 추산된다. 이 결과는 박사장이 나머지 인생을 거는 것에 비해 얻는 편익이 매력적인 것은 아니다. 결혼의 현재가치가 약 2억 7천이라면 부동산, 주식 등 다른 대상으로 대체가 가능할 수 있기 때문이다. 이 정도의 결과는 의사결정자의 정성적 성향에 달려있으므로 사랑의 콩깍지가 떨어지기 전에 의사결정을 하는 것이 좋을 것 같다.

	편익항목	산출기준
보이는 편익 (경제적 편익)	안심학교	등하교와 학교폭력 등 학교생활 지도가 비교적 안심된다는 학부모 평가에 근거 사설경호업체 아이 돌봄서비스 비용 월 300만 원의 10%를 적용 300만 원×0.1×9개월×6년 = 1,620만 원
보이지 않는 편익 (사회적 편익)	부모부담경감	–
	부유가정자녀교류	–
	친화적 교육분위기	–

• 분석 2: 비용분석

수업비, 특기교육비, 통학비, 급식비, 교원임용시험을 통과한 공립학교 선생님교육에대한 기회비용, 아이의 육체적 피로, 공립중고등학교 환경부적응 우려, 동네 친구와의 교제 기회 감소 등

	비용항목	산출기준
보이는 비용 (경제적 비용)	수업비	1개월 40만 원, 방학을 제외한 9개월 40만 원×9개월×6년 = 2,160만 원
	특기교육비	과목당 월 8만 원, 두 과목 신청 8만 원×2과목×9개월×6년 = 864만 원
	통학비	통학버스이용, 월 12만 원 적용 12만 원×9개월×6년 = 648만 원
	급식비	월 4만 5천 원×9개월×6년 = 243만 원
보이지 않는 비용 (사회적 비용)	육체적 피로	–
	임용고시통과선생님 교육에 대한 기회비용	–
	공립중고등학교부적응	–
	동네친구감소	–

• 분석 3: 할인율 선정

대부분 사립학교에 대한 학부모의 만족도가 높다는 것을 고려한다면 사립초등학교 선택에 대한 위험부담은 낮다고 할 수 있어 요구수익률은 물가상승 정도 3%를 반영하여 할인율로 적용한다.

• 분석 4: 시간범위 설정

보이지 않는 편익과 비용 모두 아이의 인성에 대한 부분으로 평생을 좌우하지만 이를 계량화하는 것에 한계가 있으므로 여기서는 실질 경제적 흐름이 있는 초등학교 6년 동안 만을 시간범위로 설정한다.

분석종합 : 현금흐름 분석

편익과 비용 항목별 시간범위의 현금흐름을 아래와 같이 작성할 수 있고 Excel 프로그램을 이용하여 NPV와 BCR을 추정하였다.

E15

	A	B	C	D	E	F	G	H	I
1	단위:원		t=0	t=1	t=2	t=3	t=4	t=5	t=6
2	영어교육			2,250,000	2,250,000	2,250,000	2,250,000	2,250,000	2,250,000
3	예체능특기교육			2,340,000	2,340,000	2,340,000	2,340,000	2,340,000	2,340,000
4	안심학교			2,700,000	2,700,000	2,700,000	2,700,000	2,700,000	2,700,000
5	편익소계	43,740,000		7,290,000	7,290,000	7,290,000	7,290,000	7,290,000	7,290,000
6	수업비		- 3,600,000	- 3,600,000	- 3,600,000	- 3,600,000	- 3,600,000	- 3,600,000	
7	특기교육비		- 1,440,000	- 1,440,000	- 1,440,000	- 1,440,000	- 1,440,000	- 1,440,000	
8	통학비		- 1,080,000	- 1,080,000	- 1,080,000	- 1,080,000	- 1,080,000	- 1,080,000	
9	급식비		- 405,000	- 405,000	- 405,000	- 405,000	- 405,000	- 405,000	
10	비용소계	- 39,150,000	- 6,525,000	- 6,525,000	- 6,525,000	- 6,525,000	- 6,525,000	- 6,525,000	
11									
12	NPV	9,888,624							
13	r(=연3%)	0.03							
14	B-C(순편익)	4,590,000							
15	BCR	1.12							

2 2단계 선택결정과정

의사결정자가 최종결정을 하기 위해 고려대상 중에 있는 대안들을 효과적으로 좁혀나가는 작업이 그 비법이다. 이러한 과정을 거치면서 의사결정시 불필요하게 소모되는 에너지를 줄이고 의사결정자의 선호에 맞게 최종결정을 할 수 있다.

- 1단계 선택결정과정: 우선 제외대상 대안 골라내기

대안들의 의사결정목적, 최소목표, 필수충족조건의 적합성 여부를 Yes or No로 점검한다.

- 2단계 선택결정과정: 1등으로 결합된 대안 선택하기

NPV > 0, B/C 비율 > 1, 순편익 > 0일 때, 의사결정대상은 경제적으로 타당하다고 판단할 수 있다.

의사결정대상	내 아이, 사립초등학교 보낼까, 공립초등학교 보낼까?	적합여부
의사결정목적	내 아이가 더 좋은 교육환경에서 초등학교생활을 잘해서 엄친아가 됐으면 좋겠다	Y
최소 목표	공부 잘하기 위한 필수아이템 영어수업과 특기교육 등 맞춤식교육을 학교에서 받았으면 한다.	Y
필수충족조건	사립학교의 교육환경과 프로그램이 공립보다 더 낫다. 내 아이가 사립학교 전과정을 끝낼 수 없는 상황변화는 일어나지 않는다. 사립학교에서 제공하는 다양한 프로그램 강사진의 수준이 일반학원보다 우수하다.	Y
NPV	약 9백 9십만 원	NPV > 0
BCR	1.12배	BCR > 1
순편익	약 4백 6십만 원	이득

이 결정은 부모의 가치관과 여건 그리고 아이의 상황 등 매우 복잡하고 다양한 사례가 있을 수 있다는 것을 반드시 염두한 상태에서, 워킹맘 현정씨의 경우 경제적 가치로 환산되는 편익과 비용만을 고려했을 때 현정씨 아이를 사립초등학교에 보내기로 결정한다면 NPV는 약 9백9십만원, BCR은 1.12배, 순편익은 약 4백 6십만 원으로 추산된다. 이러한 수치는 NPV > 0, BCR > 1의 조건을 만족시키는 결과로 의사결정에 타당성을 제공할 수 있다고 할 수 있다.

하지만, 2011년1월에 발표된 한국보건사회연구원 조사결과 '초등학교 학생 6년간 지출되는 양육비 6천 3백만 원'이라는 상황을 보더라도 위에 추산된 결과만으로는 사립학교에 대한 확고한 판단이 어려울 수 있다. 경제적 득과 실보다는 부모의 성향에 의해 선택되어질 확률이 높다고 할 수 있다. 부모의 바른 마음가짐이 아이의 인생을 위해 얼마나 중요한가를 다시금 깨닫게 하는 에피소드이다.

Episode 7

김일병,
군대 말뚝 박을까, 말까?

이제 곧 상병이 되는 김일병은 하사관 시험을 볼까 말까 생각 중이다. 그의 의사결정과정을 들여다 보자.

지방대학을 2년 다니고 군대에 입대한 김일병은 휴가 때마다 학교 동기들이나 선후배들에게 듣는 졸업 후 취업의 어려움이 남의 일 같지 않다. 이제 곧 상병이고 병장인데 제대 후 학교에 가서 3학년으로 복학하고 졸업한다고 해도 취업에 대한 뾰족한 묘책이 없는 상태이다.

주위에선 할 수 있다면 군대의 하사관 장교로 시험을 봐서 말뚝을 박으라고 하고 부모님도 반대는 안하시는 상태이다.

하사관 시험이 되면 상병월급도 일시로 받게 되고 큰 문제가 없는 한 정년이 보장되고 연금도 나오고 몸은 힘들지만 어느 정도 미래가 보장되는 직업임에는 틀림없다. 특히 군인으로서 나오는 복지해택이나 관사 등은 큰 매력이긴 하다.

요즘 아무리 좋은 대기업에 다닌다 해도 사오정이니 삼팔선이니 해서 정년이 보장되는 경우는 거의 없고 내집 마련하기도 힘든 상황에서 이렇게 좋은 직장은 없을 것이다.

그러나 군대의 생활이 녹록치는 않다. 매일 고된 훈련과 경직된 계급사회 분위기, 그리고 결혼한다고 해도 계속 이리저리 부대배치에 따라 이사 다녀야 하는 현실 등을 생각하면 군대체질이 아니고서야 쉽지는 않은 결정이다.

또한 대학 졸업에 대한 미련이 남지 않을까 하는 생각도 든다. 벌써 2년이나 다닌 대학 등록금도 포기하고 대학졸업장도 포기하고 이렇게 군대에 남는 것이 나중에 후회없는 선택일지가 고민이다. 사회에서 내가 하고 싶은 일을 아직 찾지도 못했는데 그런 기회를 놓치는 것이 아닐지 망설여 지기는 한다.

물론 군대에서도 생활을 잘하게 되면 야간대학에 진학할 수 있는 기회가 있다고는 한다. 요즘처럼 불확실한 미래에 확실한 미래가 있다는 것만으로도 큰 장점이라고 선배나 부모님은 말씀하신다.

일단, 하사관시험에 도전해보자. 군생활 잘하면 좋고 안된다면 그때 다시 사회생활을 생각해 보기로 하자.

김일병이 군대 말뚝 박는 선택을 한다면, 과연 잘하는 걸까?
3-4-2기법을 통해 점검해 보자.

3 3단계 구조화 비법

- 1단계: 의사결정의 목적이 무엇인가를 파악하라.

미래가 보장되는 직업을 갖는 것

- 2단계: 최소한의 목표는 무엇인가를 정하라.

정년이 보장되고 연금도 나오는 하사관이 되는 것

- 3단계: 반드시 만족시켜야 할 조건에는 어떤 것이 있는가를 선정하라.

전쟁과 같은 특수상황없이 직업의 한 종류로써 근무할 수 있다.
지산의 의지가 아닌 강제실직은 일어나지 않는다.
부사관시험은 별도 비용없이도 준비하여 합격할 수 있다.

4 4가지 의사결정요소 분석

- 분석 1: 편익분석

장기복무수입, 안정된 직장에 대한 심리적 만족도, 본인학비지원, 퇴직연금, 군인복지

	편익항목	산출기준
보이는 편익 (경제적 편익)	현직복무 수입	장기복무원사정년 55세, 현재23세, 평균월급 130~150만 원, 연평균증가율 3% 적용 약 9억 2천 5백만 원
	퇴직연금	개시연령 65세부터 사망시까지로 지급되는데 사망시점을 80세로 가정, 연금지급액=보수월액×지급배수(33년의 76%) 적용 약 5억 2천 6백만 원
	본인학비 지원	사이버대학교 3학년 편입 졸업 시까지 학비지원, 한 학기 학비 180만 원 적용 180만 원×2번×2년 = 720만 원

(계속)

	편익항목	산출기준
보이지 않는 편익 (사회적 편익)	안정된 직장	–
	군인복지	–

• 분석 2: 비용분석

대학 2년 등록금, 일반 대졸자 수입에 대한 기회비용, 고된 훈련, 경직된 계급사회, 잦은 이사

	비용항목	산출기준
보이는 비용 (경제적 비용)	대학2년간 등록금	대학 2년 동안 지불하는 등록금, 1학기 280만 원 적용 280만 원×2학기×2년=1120만 원
	일반대졸자 수입	한 조사 결과 일반 직장인 체감정년 평균 48.2세 고려, 상장사 대졸 초임연봉 2,789만 원, 연평균연봉상승률 6% 적용, 13억 1천만 원
	퇴직금	48.2세 퇴직 시 지급되는 일시금으로 2억 적용
보이지 않는 비용 (사회적 비용)	고된훈련	
	경직된 계급사회	
	잦은 이사	

• 분석 3: 할인율 선정

직업군인이 되는 것과 장기복무하는 것 모두 결정에 대한 위험부담은 낮기 때문에 요구수익률은 물가상승 정도 3%를 반영하여 할인율로 적용한다.

- 분석 4: 시간범위 설정

직업군인으로 33년 장기복무한 후 퇴직연금이 평생(여기서는 80세) 나오므로 현금흐름 발생의 가장 긴 시간인 편익의 기간을 고려하여 시간범위를 58년으로 설정한다.

분석종합 : 현금흐름 분석

편익과 비용 항목별 시간범위의 현금흐름을 아래와 같이 작성할 수 있고 Excel 프로그램을 이용하여 NPV와 BCR을 추정하였다.

AF2 fx t=29

	A	B	C	D	H	AD	AE	BI
2	단위: 원		t=0	t=1	t=5	t=27	t=28	t=58
3	복무기간수입			16,800,000	18,908,548	36,230,733	37,317,655	
4	군인연평균연봉인상율반영)	0.03			550,734	1,055,264	1,086,922	
5	퇴직연금							32,878,657
6	본인학비지원							
7	편익소계	1,458,566,239	-	16,800,000	18,908,548	36,230,733	37,317,655	32,878,657
8	지불한 대학등록금		- 11,200,000					
9	일반대졸자수입				- 27,890,000	-100,502,659		
10	(연평균연봉인상율반영)	0.06				- 5,688,830		
11	퇴직금						200,000,000	
12	비용소계	- 1,121,913,634	- 11,200,000	-	- 27,890,000	-100,502,659	200,000,000	-
13								
14	NPV	526,719,406						
15	r(=연3%)	0.03						
16	B-C(순편익)	336,652,605						
17	BCR	1.30						

2 2단계 선택결정과정

의사결정자가 최종결정을 하기 위해 고려대상 중에 있는 대안들을 효과적으로 좁혀나가는 작업이 그 비법이다. 이러한 과정을 거치면서 의사결정시 불필요하게 소모되는 에너지를 줄이고 의사결정자의 선호에 맞게 최종결정을 할 수 있다.

- 1단계 선택결정과정: 우선 제외대상 대안 골라내기

대안들의 의사결정목적, 최소목표, 필수충족조건의 적합성 여부를 Yes or No로 점검한다.

- 2단계 선택결정과정: 1등으로 결합된 대안 선택하기

NPV > 0, B/C 비율 > 1, 순편익 > 0일 때, 의사결정대상은 경제적으로 타당하다고 판단할 수 있다.

의사결정대상	김일병, 군대 말뚝 박을까, 말까?	적합여부
의사결정목적	미래가 보장되는 직업을 갖는 것	Y
최소 목표	정년이 보장되고 연금도 나오는 하사관이 되는 것	Y
필수충족조건	전쟁과 같은 특수상황없이 직업의 한 종류로써 근무할 수 있다. 자신의 의지가 아닌 강제실직은 일어나지 않는다. 부사관시험은 별도 비용없이도 준비하여 합격할 수 있다.	Y
NPV	약 5십 2만 6천 원	NPV > 0
BCR	1.30배	BCR > 1
순편익	약 3십 3만 6천 원	이득

김일병은 군대생활이 적성에 맞아서 위 대안을 고려하는 것이 아니라 취업의 불안 때문에 고민하고 있는 상황이므로 금전적 수치에 민감하다. 경제적 가치로 환산되는 편익과 비용만을 고려했을 때 김일병이 직업군인을 선택하면 NPV는 약 5십 2만 6천 원, BCR은 1.30배, 순편익은 약 3십 3만 6천 원으로 추산된다. 이러한 수치는 NPV > 0, BCR > 1의 조건을 만족시키는 결과로 의사결정에 타당성을 제공할 수 있다고 할 수 있다. 하지만 추산된 수치는 대안선택의 강력한 동기부여가 되기에는 부족할 것 같다.

하지만, 일반대졸자 수입에 대한 기회비용은 취업하지 못하면 기회 자체가 상실되는 비용이므로 이를 감안하고 심각한 취업난에 대한 불안감을 감안한다면 군대에 남는 선택의 경제적 효과는 더욱 커질 수 있다.

Episode 8

서울로 놀러간 시골쥐, 고향으로 돌아갈까, 서울에서 살까?

넓고 호화롭고 멋진 그리고 음식이 가득한 서울쥐집에 놀러간 시골쥐는 서울에 그냥살고 싶은 충동도 있지만 복잡하고 불안한 서울생활에 질려서 고향으로 돌아가고 싶은 마음도 크다. 시골쥐는 어떤 선택을 할지 살짝 들여다 보자.

서울에 살고 있는 쥐가 시골쥐 집에 놀러왔습니다. 시골쥐는 반가워하면서 가장 좋은 음식을 내놓았어요. 그렇지만 도시쥐는 거들떠보지도 않았답니다. 옥수수랑 감자이랑 콩같은 것 뿐이였거든요. 서울쥐의 반응에 시골쥐는 무척 섭섭했습니다. 가장 싱싱하고 좋은 걸로만 내놓았는데 서울쥐는 시큰둥하네요. 서울쥐는 시골쥐에게 다음에 서울에 오면 맛있는 음식을 실컷 먹여주겠다며 집으로 돌아갔습니다.

며칠 뒤 서울쥐가 시골쥐를 집에 초대했어요. 서울에 처음 가는 시골쥐는 설레는 마음으로 나들이 옷을 챙겨 입고 여행을 떠났어요. 도시는 시골쥐가 생각한 것보다 훨씬 더 넓고 복잡했어요. 수많은 차들이 빵빵거리고 거리에는 사람

들이 가득했어요. 시골쥐는 간신히 물어물어 서울쥐의 집을 찾아갔어요. 서울쥐가 반갑게 맞아 주었지요. 서울쥐의 집은 정말 넓고 호화로운 멋진 집이였어요. 바닥에는 폭신폭신한 양탄자가 깔려있고 화려한 가구들은 번쩍번쩍 빛이 났지요. 서울쥐는 오느라고 고생한 시골쥐를 부엌으로 안내했어요. 부엌의 식탁위에는 정말 서울쥐의 말처럼 과일, 치즈, 벌꿀, 케이크, 쇠고기 등 보지도 못한 맛있는 음식들이 가득 차려져 있었어요. 시골쥐는 눈이 휘둥그레져서 침을 꼴깍 삼켰어요. 두친구가 음식을 먹으려는 순간 어디선가 발자국 소리가 들려왔어요. 서울쥐는 시골쥐를 데리고 재빨리 쥐구멍으로 숨었어요. 잠시후 다시 서울쥐와 시골쥐는 음식을 먹으려고 나왔어요. 그러자 이번에는 고양이의 울음소리가 들렸어요. 시골쥐는 깜짝 놀라 식탁에서 그만 떨어지고 말았어요.

시골쥐는 서울쥐가 말림에도 불구하고 당장 서울을 빠져나와 시골집으로 돌아갔어요. 맛있는 음식보다는 작고 초라해도 마음 편히 먹고 쉴 수 있는 시골집이 훨씬 좋다고 생각했거든요. 집으로 돌아온 시골쥐는 옥수수와 감자를 맛나게 먹으며 편히 쉬었답니다.

시골쥐가 고향으로 돌아가겠다는 선택, 과연 잘하는 걸까?
3-4-2기법을 통해 점검해 보자.

3 3단계 구조화 비법

- 1단계: 의사결정의 목적이 무엇인가를 파악하라.

마음 편히 먹고 쉴 수 있는 주거여건 확보

- 2단계: 최소한의 목표는 무엇인가를 정하라.

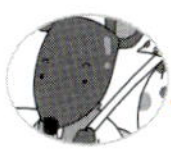

초라한 음식이라도 배고프지 않고 허름하지만 안전하게 사는 것

- 3단계: 반드시 만족시켜야 할 조건에는 어떤 것이 있는가를 선정하라.

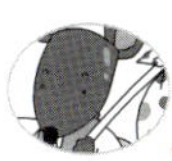

시골에서는 사람과 고양이로부터의 위협을 느끼지 않고 살 수 있다. 화려하고 편리함보다는 안정적 가치를 선호하는 시골쥐 성향에 변화가 없다.

4 4가지 의사결정요소 분석

- 분석 1: 편익분석

심리적 안정감, 식사시간의 여유로움, 저렴하게 주거할 수 있는 다양한 공간 등

	편익항목	산출기준
보이는 편익 (경제적 편익)	저렴한 주거비	도시가구 2009년 월평균주거비지출 214,755원과 농촌가구 2009년 연평균주거비지출 1,606,000원의 차이만큼 쥐수명 3년–7년 만큼 얻게 된다는 가정 [(월 214,755원 × 12개)−1,606,000원] × 5년≈4백 8십만 원
보이지 않는 편익 (사회적 편익)	식사시간의 여유	–
	심리적 안정감	–

• 분석 2: 비용분석

맛있고 풍요로운 식사에 대한 기회비용, 화려한 주거시설에 대한 기회비용, 편리한 도시생활에 대한 기회비용 등

	비용항목	산출기준
보이는 비용 (경제적 비용)	풍요로운 식사에 대한 기회비용	도시가구 2009년 월평균 음식비지출 285,641원과 농촌가구 2009년 연평균음식비지출 1,239,000원의 차이 적용 [(월 285,641원12개)−1,239,000원]×5년≈1천 1백만 원
보이지 않는 비용 (사회적 비용)	화려한 시설기회	−
	편리한 생활기회	−

• 분석 3: 할인율 선정

시골쥐가 시골로 돌아가려고 하는 가장 큰 이유는 생명의 위협을 느꼈기 때문이다. 그리고 시골에서도 어느 정도 만족함을 느끼고 살았기 때문에 도시생활의 부러움은 있지만 그것을 생명과 바꾸고 싶지는 않아 한다. 이러한 상황을 고려할 때 목숨을 걸고 도시에 남아 있겠다는 선택은 고위험결정이라고 할 수 있다. 이에 요구수익률을 고위험수익률 30%를 적용하여 할인율로 적용한다.

• 분석 4: 시간범위 설정

시골쥐가 시골로 돌아가는 결정은 편익과 비용 모두 평생에 걸쳐 발생되므로 쥐의 평균수명 7세를 가정하고 현재 친구쥐를 찾아 서울로 올라갈 수 있는 나이를 2세로 고려해볼때 시간범위는 5년으로 설정한다.

분석종합 : 현금흐름 분석

편익과 비용 항목별 시간범위의 현금흐름을 아래와 같이 작성할 수 있고 Excel 프로그램을 이용하여 NPV와 BCR을 추정하였다.

D11

	A	B	C	D	E	F	G	H
1	단위:원		t=0	t=1	t=2	t=3	t=4	t=5
2	저렴한 주거비			971,060	971,060	971,060	971,060	971,060
3	(도시가구주거비지출)			2,577,060	2,577,060	2,577,060	2,577,060	2,577,060
4	(농촌가구주거비지출)			1,606,000	1,606,000	1,606,000	1,606,000	1,606,000
5	편익소계	4,855,300	-	971,060	971,060	971,060	971,060	971,060
6	풍요로운식사기회비용			- 2,188,692	- 2,188,691	- 2,188,690	- 2,188,689	- 2,188,688
7	(도시가구음식비지출)			3,427,692	3,427,692	3,427,692	3,427,692	3,427,692
8	(농촌가구음식비지출)			1,239,000	1,239,001	1,239,002	1,239,003	1,239,004
9	비용소계	- 10,943,450	-	- 2,188,692	- 2,188,691	- 2,188,690	- 2,188,689	- 2,188,688
10								
11	NPV	969,760						
12	r(=연30%)	0.3						
13	B-C(순편익)	- 6,088,150						
14	BCR	0.44						

2 2단계 선택결정과정

의사결정자가 최종결정을 하기 위해 고려대상 중에 있는 대안들을 효과적으로 좁혀나가는 작업이 그 비법이다. 이러한 과정을 거치면서 의사결정시 불필요하게 소모되는 에너지를 줄이고 의사결정자의 선호에 맞게 최종결정을 할 수 있다.

- 1단계 선택결정과정: 우선 제외대상 대안 골라내기

대안들의 의사결정목적, 최소목표, 필수충족조건의 적합성 여부를 Yes or No로 점검한다.

- 2단계 선택결정과정: 1등으로 결합된 대안 선택하기

NPV > 0, B/C 비율 > 1, 순편익 > 0일 때, 의사결정대상은 경제적으로 타당하다고 판단할 수 있다.

의사결정대상	서울로 놀러간 시골쥐, 고향으로 돌아갈까, 서울에서 살까?	적합여부
의사결정목적	마음 편히 먹고 쉴 수 있는 주거여건 확보	Y
최소 목표	초라한 음식이라도 배고프지 않고 허름하지만 안전하게 사는 것	Y
필수충족조건	시골에서는 사람과 고양이로부터의 위협을 느끼지 않고 살 수 있다. 화려하고 편리함보다는 안정적 가치를 선호하는 시골쥐 성향에 변화가 없다.	Y
NPV	약 9십 7만 원	NPV > 0
BCR	0.44	BCR < 1
순편익	약 –6백만 원	"?"

"?" 고위험이 반영된 결과로는 이득이 될 수 있지만 단순 현금흐름만을 고려할 때는 손해도 될 수 있다. 이런 경우 결정자의 투자성향에 의해 좌우되며 무엇을 필수충족조건으로 고려하느냐에 의해 결정이 달라진다. 이런 이유로 3단계 구조화 비법이 매우 중요하고 특히, 3단계 반드시 만족시켜야 할 조건에는 어떤 것이 있는가를 선정하는것은 의사결정의 리스크 분석의 초석이 된다.

↓

시골쥐가 고향으로 돌아가겠다고 결정 했을 때 경제적 가치로 환산되는 편익과 비용만을 고려하여 추산한 결과 NPV는 약 9십 7만 원으로 NPV > 0, 반면 순편익은 약 –6백만원이고 BCR은 0.44, BCR < 1으로 나타난다. 앞에서도 언급했지만 의사결정자의 성향에 따라 어떤 지표를 선택의 기준으로 삼느냐에 따라 결정의 결과가 달라 질 수 있다. 시골쥐의 경우 필수충족조건이 시골에서는 사람과 고양이로부터의 위협을 느끼지 않고 살 수 있다고 판단했고, 화려하고 편리함보다는 안정적 가치를 선호하는 성향을 가지고 있기 때문에 NPV지표를 기준으로 결정할 것으로 예상된다.

Episode 9

흥부, 제비다리를 고쳐줄까, 말까?

착한 흥부가 너무 굶어 배고프고 힘도 없는 상태인데 구렁이로부터 제비가 위험에 빠져있는 것을 보고 그냥 지나치지 않고 제비를 구해 줬다. 이러한 선택은 과연 잘한 걸까? 의사결정비법을 통해 들여다 보자.

옛날 어느 마을에 흥부와 놀부 형제가 살았습니다. 욕심쟁이 놀부는 아버지가 돌아가시자 아버지의 재산을 다 차지하고 동생 흥부네 가족을 내쫓습니다. 집에서 쫓겨난 흥부네 가족은 산 아래 다 쓰러져 가는 작은 초가집에 살게 되었습니다. 가난한 흥부는 남의 집 일을 해주며 열심히 살았지만 12명이나 되는 자식과 아내를 먹여 살리기는 어려웠습니다. 하루는 배가 고파 힘들어하는 아이들을 보다 못한 흥부가 형 놀부네 집에 먹을 것을 좀 얻으려고 갔습니다. 그러나 못된 놀부는 흥부에게 쌀 한 톨도 주지 않았고, 옆에 있는 놀부 아내는 밥주걱으로 뺨까지 때리면서 내쫓고 맙니다.

한숨을 내쉬며 빈손으로 돌아오던 흥부는 집 처마에 구렁이가 제비새끼를 잡아먹으려는 것을 보고 구렁이를 내쫓아 줍니다. 그리고 구렁이에 놀라 처마에서 떨어지면서 다리가 부러진 제비새끼를 정성껏 치료해 줍니다. 제비는 자

신의 상처가 치유되자 꼭 흥부에게 이 은혜를 갚겠다고 하고 자신의 나라로 돌아갑니다. 이듬해 봄 제비는 박씨 하나를 물고 흥부네 집으로 날아와 앞마당에 박씨를 떨어뜨려 주었습니다. 흥부는 제비가 갖다 준 박을 정성껏 심었습니다. 얼마 지나자 보름달을 닮은 커다란 박이 흥부네 지붕 위에 주렁주렁 열렸습니다. 배가 고픈 흥부네 가족은 박을 따서 먹기로 하고 모두 모여 톱질을 시작했습니다. 첫번째 박을 자르자 놀랍게도 커다란 집이 나왔습니다. 두번째 박에서는 맛있는 밥이, 세번째 박에서는 금은보화가 네 번째 박에서는 흥부가족을 위해 일해 줄 하인들이 나왔습니다.

그렇게 제비는 흥부에게 은혜를 갚았고 흥부는 고마워하며 아내와 아이들과 행복하게 살았습니다.

한편 놀부는 부자가 되었다는 흥부소식을 듣고 흥부에게 가서 물어보니 흥부가 제비를 도와줘서 이렇게 됐다고 했습니다. 놀부는 다리 다친 제비를 찾아보다가 없으니까 자기가 제비를 잡아서 다리를 부러뜨리고 치료해줍니다. 이 제비도 역시 놀부에게 은혜를 갚는다며 놀부에게도 박씨를 물어다주었습니다. 놀부는 좋다고 박씨를 심었고 얼마 후 박씨는 열매는 맺었습니다. 놀부는 얼른 열매를 따기 시작했습니다. 그런데 열매를 자르자 거기에선 온갖 더러운 오물들과 도깨비들이 나왔습니다. 도깨비들은 놀부부부를 흠씬 패주었고 놀부부부는 무서워서 흥부네 집으로 도망칩니다. 놀부는 자신의 잘못을 깨닫고 흥부에게 용서를 구하고 착한 흥부는 놀부가족과 함께 행복하게 살았습니다.

흥부가 매우 어려운 상황에서도 다친 제비의 다리를 고쳐주는 행동, 과연 잘하는 걸까?

3-4-2기법을 통해 점검해 보자.

3 3단계 구조화 비법

- 1단계: 의사결정의 목적이 무엇인가를 파악하라.

구렁이로부터 제비를 구해 주는 것

- 2단계: 최소한의 목표는 무엇인가를 정하라.

제비의 상처가 다 나아 건강해지는 것

- 3단계: 반드시 만족시켜야 할 조건에는 어떤 것이 있는가를 선정하라.

제비의 부러진 다리는 정성스런 보살핌만으로 완치될 수 있다. 제비가 가져다준 박씨를 배고파 힘도 없지만 열심히 키우는 정성도 있다.

4 4가지 의사결정요소 분석

- 분석 1: 편익분석

커다란 집, 맛있는 밥, 금은보화, 하인, 착한사람의 대명사로 추앙, 행복한 가정 등

	편익항목	산출기준
보이는 편익 (경제적 편익)	커다란 집	12인 가족이 살 수 있는 큰 기와집으로 500평 규모로 가정, 평당 500만 원 적용 1000평×500만 원=50억 원
	맛있는 밥	1인당 최고급 한정식 가격 10만 원, 자녀 12명과 부부 총 14명 14명×10만 원=140만 원
	금은보화	가장보편적인 금을 기준으로 100kg로 가정 100kg×266돈×20만 원=53억 2천만 원

(계속)

	편익항목	산출기준
보이는 편익 (경제적 편익)	하인	14명의 가정을 돌보기 위해서는 10명정도 하인이 필요할 것으로 가정 남자 5명 여자 5명으로 구성, 하인들이 흥부가 죽을 때까지 돌봐준다는 가정하에 남자 일당 6만 원, 여자일당 3만 원 적용 {(5명 ×6만 원×365일)+(5명 ×3만 원×365일)}×50년≈82억 원
보이지 않는 편익 (사회적 편익)	착한사람으로 추앙	–
	행복한 가정	–

● 분석 2: 비용분석

제비다리 치료비용, 박씨 재배비용, 제비 때문에 기력없는 상태 가중

	비용항목	산출기준
보이는 비용 (경제적 비용)	제비다리 치료비용	동물병원 1회 치료비 2만 원, 입원비용 1일 2만 원 1개월 치료 적용 4만 원×30일=120만 원
	박씨 재배비용	1년간 박씨 재배를 위해 흥부의 노동만 투입된다는 가정 6만 원×365일=2,190만 원
보이지 않는 비용 (사회적 비용)	기력쇠약	–
	농산물박의기회비용	–

● 분석 3: 할인율 선정

흥부가 힘없고 배고픈 상태에서 구렁이로부터 제비를 구할 것이냐 아니면 그냥 지나칠 것이냐 하는 선택은 약간의 기력이 더 사용되겠지만 그것으로 생명에 지장이 있는 것도 아니고 측은지심만 발현되면 할 수 있는 행동이고 제비다리를 치료해주 것은 정성이 있으면 되는 것이므로 무위험에

가까운 결정이라고 할 수 있다. 이에, 물가상승률 3% 정도의 요구수익률을 설정하고 이를 할인율로 적용한다.

• 분석 4: 시간범위 설정

홍부가 제비가 물어다준 박씨로 얻는 편익 중 하인에 대한 편익이 가질 긴 기간으로 평생(80세) 동안 발생하므로 홍부가 15세에 결혼해서 12명의 자녀를 낳기 위한 필요시간을 고려한다면 현재 30세로 시간범위는 50년으로 설정한다.

분석종합 : 현금흐름 분석

편익과 비용 항목별 시간범위의 현금흐름을 아래와 같이 작성할 수 있고 Excel 프로그램을 이용하여 NPV와 BCR을 추정하였다.

D16 f_x

	A	B	C	D	E	AZ	BA
2	단위: 원		t=0	t=1	t=2	t=49	t=50
3	커다란집			5,000,000,000			
4	맛있는밥			1,400,000			
5	금은보화			5,320,000,000			
6	하인			164,250,000	164,250,000	164,250,000	164,250,000
7	편익소계	18,533,900,000	-	10,485,650,000	164,250,000	164,250,000	164,250,000
8	제비다리치료비용		- 1,200,000				
9	박씨재배비용			- 21,900,000			
10	비용소계	- 23,100,000	- 1,200,000	- 21,900,000	-	-	-
11							
12	NPV	13,827,102,817					
13	r(=연3%)	0.03					
14	B-C(순편익)	18,510,800,000					
15	BCR	802					

2 2단계 선택결정과정

의사결정자가 최종결정을 하기 위해 고려대상 중에 있는 대안들을 효과적으로 좁혀나가는 작업이 그 비법이다. 이러한 과정을 거치면서 의사결정시 불필요하게 소모되는 에너지를 줄이고 의사결정자의 선호에 맞게 최종결정을 할 수 있다.

• 1단계 선택결정과정: 우선 제외대상 대안 골라내기

대안들의 의사결정목적, 최소목표, 필수충족조건의 적합성 여부를 Yes or No로 점검한다.

• 2단계 선택결정과정: 1등으로 결합된 대안 선택하기

NPV > 0, B/C 비율 > 1, 순편익 > 0일 때, 의사결정대상은 경제적으로 타당하다고 판단할 수 있다.

의사결정대상	흥부, 제비다리를 고쳐줄까, 말까?	적합여부
의사결정목적	구렁이로부터 제비를 구해주는 것	Y
최소 목표	제비의 상처가 다 나아 건강해지는 것	Y
필수충족조건	제비의 부러진 다리는 정성스런 보살핌만으로 완치될 수 있다. 제비가 가져다준 박씨를 배고파 힘도 없지만 열심히 키우는 정성이 있다.	Y
NPV	약 138억 원	NPV > 0
BCR	802배	BCR > 1
순편익	약 185억 원	이득

흥부가 힘없고 배고픈 상태에서 구렁이로부터 제비를 구하는 것은 측은지심이 발현된 덕행인데 이것을 경제적 가치로 추정했을 때도 흥부의 선택이 경제적 타당성이 있다는 것을 알 수 있다. NPV는 약 138억 원으로 NPV > 0를 만족하며, BCR은 802배로 BCR < 1를 만족한다. 순편익도 약 185억 원으로 경제적 관점에서 보면 매우 탁월한 선택이라고 할 수 있다.

너무 많은 가정하에 추산된 경제적 이득이지만 선행이 인간생활을 얼마나 풍요롭고 행복하게 하는지 새삼 뿌듯함을 느끼게 하는 사례이다.

Episode 10

성룡사 스님, 쌀 나오는 샘의 구멍을 크게 넓힐까, 말까?

철없는 성룡사 스님이 나그네 스님의 말에 솔깃하여 노력하지 않고 더 많은 쌀을 얻을 욕심으로 샘구멍을 넓히기로 결정하려한다. 과연 잘한 선택인지 의사결정비법을 통해 점검해 보자.

옛날 성룡사라는 절에 조그만 구멍으로 쌀이 솔솔 나오는 샘이 있었어요. 쌀 나오는 샘 덕분에 성룡사 스님은 먹을 걱정을 할 필요가 없었죠. 그런데 신기하게도 이 샘은 딱 한사람의 분량만큼만 쌀이 나오기 때문에 따로 쌀을 모아두거나 하지는 못합니다.

하루는 지나가던 나그네 스님이 절에 들렀어요. 나그네 스님은 세상을 떠돌면서 본 신기한 보물들과 재미있었던 경험들을 자랑했어요. 나그네 스님이 자랑을 늘어놓자 항상 절에서만 지내는 성룡사 스님은 약이 올랐어요. 성룡사 스님이 성룡사에는 부처님의 은덕으로 쌀이 나오는 샘이 있다며 추운 겨울에도 시주를 하러 돌아다니지 않아도 된다고 자랑하자 나그네 스님은 믿지 않았어요. 그러자 성룡사 스님은 나그네 스님을 쌀이 솔솔 나오는 샘으로 데려갔어요. 나그네 스님은 신기한 보물들을 많이 보았지만 이렇게 쌀이 나오는 샘을 보고 깜짝 놀랐어요. 그리고 매일 시주하러 이곳저곳을 돌아다니는 자신의 처지를 생각하니 성룡사 스님이 부러웠어요.

밤새 고민하던 나그네 스님은 다음날 아침 성룡사 스님에게 같이 살면 안되겠냐고 부탁을 해요. 같이 말동무도 하고 밥도 지어먹고 부처님을 모시면 훨씬 외롭지 않으니까요. 그런데 성룡사 스님은 곤란한 표정으로 샘에서 나오는 쌀이 하루에 딱 한사람의 분량만큼만 나오기 때문에 같이 먹고 살기는 어렵다고 이야기 해요. 그러자 나그네 스님은 답답하다는 듯이 구멍을 좀 더 크게 뚫으면 쌀이 콸콸 쏟아질게 아니냐고 이야기 하죠. 성룡사 스님은 무릎을 치며 좋은 생각이라고 말하고 둘은 같이 쌀이 나오는 샘으로 갑니다.

샘에 도착한 나그네 스님은 자신이 짚고 온 지팡이로 쌀이 나오는 구멍을 쿡쿡 찔러 크게 만들었어요.

그런데 이게 웬일일까요? 구멍이 커지자 솔솔 나오던 쌀은 멎고 대신에 물이 흘러나오는 것이었어요. 성룡사 스님은 뒤늦게 땅을 치며 후회를 했지만 소용이 없었지요. 그 뒤부터 성룡사의 샘에서는 맑은 물만 콸콸 솟아 나온답니다.

쌀 나오는 샘의 구멍을 더 넓히기로 한 스님의 선택, 과연 잘한 걸까? 3-4-2기법을 통해 점검해 보자.

3 3단계 구조화 비법

- 1단계: 의사결정의 목적이 무엇인가를 파악하라.

외롭지 않으면서 먹고 살아갈 걱정도 없는 것

- 2단계: 최소한의 목표는 무엇인가를 정하라.

2인분의 쌀을 얻고 싶은 것

- 3단계: 반드시 만족시켜야 할 조건에는 어떤 것이 있는가를 선정하라.

샘의 구멍을 넓혀도 기존과 같이 쌀이 나오는 것에는 변함이 없다. 두 스님이 같이 먹고 살 수 있는 쌀을 샘으로부터만 충당하려 하고 다른 경로로 획득하는 것은 고려대상이 아니다.

4 4가지 의사결정요소 분석

- 분석 1: 편익분석

동려스님과의 동거로 외로움 해소에 대한 기대감, 더 많은 쌀 획득의 기대감 등

	편익항목	산출기준
보이는 편익 (경제적 편익)	모두 기대감으로 욕심에 대한 별로 현실화되지 못했으므로 편익은 없음	
보이지 않는 편익 (사회적 편익)	외로움해소 기대감	–
	많은 쌀획득 기대감	–

• 분석 2: 비용분석

1인 분량의 쌀마저 상실, 시주에 대한 노고, 욕심에 대한 벌, 훌륭하신 스님들에 대한 집단명예 실추 등

	비용항목	산출기준
보이는 비용 (경제적 비용)	1인분량 쌀마저 상실	2009년 1인 평균 쌀소비량 74kg 고려, 수련이 부족한 스님들이므로 20세로 수명 80세 가정, 쌀 80kg 20만 원 적용 80kg×20만 원×60년=9억 6천만 원
	시주에 대한 노고	매일 5시간 정도 시주한다는 가정, 성인남자 일당 6만 원 적용 5시간×7500원×365일×60년=8억 2천만 원
보이지 않는 비용 (사회적 비용)	욕심에 대한 벌	–
	집단명예 실추	–

• 분석 3: 할인율 선정

성룡사 스님은 샘의 구멍을 넓히는 것이 욕심이라는 것을 생각하지 못했기 때문에 그러한 선택에 대한 위험도 전혀 고려되지 않은 것으로 예상되므로 그러한 결정에 대한 성룡사 스님의 요구수익률은 무위험수익률로 간주하여 물가상승률 3%를 할인율로 적용한다.

• 분석 4: 시간범위 설정

성룡사 스님과 나그네 스님 들이 자신의 일을 자랑하고 부러워하는 정황을 고려할 때 철없는 나이라고 간주 할 수 있으며 현재 나이를 20세로 가정할 때 구멍을 넓히지 않았다면 성룡사 스님 수명 80세까지 쌀을 얻을 수 있었을 것이다. 이것에 대한 기회비용이 향후 60년까지 발생되므로 시간범위는 60년으로 설정한다.

분석종합 : 현금흐름 분석

편익과 비용 항목별 시간범위의 현금흐름을 아래와 같이 작성할 수 있고 Excel 프로그램을 이용하여 NPV와 BCR을 추정하였다.

C18

	A	B	C	D	E	BJ	BK
2	단위: 원		t=0	t=1	t=2	t=59	t=60
3	편익소계	0	0	0	0	0	0
4	1인분량쌀마저상실		- 16,000,000	- 16,000,000	- 16,000,000	- 16,000,000	- 16,000,000
5	시주에대한노고		- 13,687,500	- 13,687,500	- 13,687,500	- 13,687,500	- 13,687,500
6	비용소계	- 1,810,937,500	- 29,687,500	- 29,687,500	- 29,687,500	- 29,687,500	- 29,687,500
7							
8	NPV	- 136,200,173					
9	r(=연3%)	0.03					
10	B-C(순편익)	- 1,810,937,500					
11	BCR	0					

2 2단계 선택결정과정

의사결정자가 최종결정을 하기 위해 고려대상 중에 있는 대안들을 효과적으로 좁혀나가는 작업이 그 비법이다. 이러한 과정을 거치면서 의사결정시 불필요하게 소모되는 에너지를 줄이고 의사결정자의 선호에 맞게 최종결정을 할 수 있다.

- 1단계 선택결정과정: 우선 제외대상 대안 골라내기

대안들의 의사결정목적, 최소목표, 필수충족조건의 적합성 여부를 Yes or No로 점검한다.

- 2단계 선택결정과정: 1등으로 결합된 대안 선택하기

NPV > 0, B/C 비율 > 1, 순편익 > 0일 때, 의사결정대상은 경제적으로 타당하다고 판단할 수 있다.

의사결정대상	성룡사 스님, 쌀 나오는 샘의 구멍을 크게 넓힐까, 말까?	적합여부
의사결정목적	외롭지 않으면서 먹고 살아갈 걱정도 없는 것	Y
최소 목표	2인분의 쌀을 얻고 싶은 것	Y
필수충족조건	샘의 구멍을 넓혀도 기존과 같이 쌀이 나오는 것에는 변함이 없다. 두 스님이 같이 먹고살 수 있는 쌀을 샘으로부터만 충당하려하고 다른 경로로 획득하는 것은 고려대상이 아니다.	Y
NPV	약 –1억 3천 6백만 원	NPV < 0
BCR	0	BCR < 1
순편익	약 –18억 1천만 원	손해

철없는 성룡사 스님은 절생활이 외롭고 편안하게 살고 싶은 욕심이 내재되어 있는 상태에서 나그네 스님의 말이 솔깃했고 노력하지 않고 더 많은 쌀을 얻을 탐욕에 샘구멍을 넓히기로 했다. 그 결과 모든 것을 잃게되었는데 이것을 경제적 가치로 환산할 수 있는 편익과 비용만을 고려하더라도 스님의 욕심이 얼마나 부질없는 것인지를 보여준다. 얻는 편익은 0인데, 지불하는 비용은 매우 커 NPV가 약 –1억 3천 6백만 원으로 나타났으며, BCR은 0로, 순편익도 약 –18억 1천만 원으로 금전적 타격이 쪽박수준이다. 이러한 수치는 성룡사 스님의 쌀나오는 샘의 구멍을 넓히는 선택이 전혀 타당하지 않았다는 것을 뒷받침해 준다.

더욱이, 성룡사 스님의 결정은 필수충족조건 "샘의 구멍을 넓혀도 기존과 같이 쌀이 나오는 것에는 변함이 없다"는 것도 충족할 수 없는 대안이므로 경제적 분석결과를 고려하지 않더라도 그 대안 선택의 타당성은 없는 것으로 판단 할 수 있다.

위와 같은 결과는 탐욕의 끝이 우리인생에 얼마나 좋지 않은 영향을 줄 수 있는지를 보여주는 사례이다. 우리 모두 착하고 성실하게 본분을 지키면서 살아갑시다.

Episode 11

길 교수, 철학공부를 위해 조기퇴직을 할까, 말까?

국립대학교에 재직 중에 있는 55세 길라임 교수는 현업을 접고 평소 취미로 해왔던 철학공부를 더 깊이하기 위해 조기퇴직을 고민하고 있다. 그녀의 의사결정과정을 들여다 보자.

길라임 교수는 박사학위 취득 후 공직에 몸담고 있다가 40세부터 현재 55세까지 대학교에서 연구와 강의를 하고 있다. 20여 년간 취미로 꾸준히 하고 있던 유학(儒學)을 더 많이 더욱 깊이 하고 싶다는 욕심이 점점 커지고 있다. 공부대상이 방대하고 심오하여 생을 다할 때까지 무료함이 없이 인생을 즐길 수 있을 것 같다는 확신이 더욱 커지고 있다. 남들보다 조금 일찍 제2의 인생을 시작하고 싶은 것이다. 하지만 많은 동려들이 만류하고 있다. '길 교수는 이미 현재하고 있는 학문분야에 알려져 있는 인물이고 55

세부터가 현업의 절정인데 왜 그만둬'라고 말리고 있다. 길 교수도 이러한 동려들의 만류가 현실적으로 당연하다고 생각한다. 하지만 경제적 이득도 없고 골치아플 것 같은 철학에 누군가 인생의 일부를 바치는 것도 멋지지 않을까? 특히 공부 좀 했다는 사람들 중에서 나와주면 더 좋지 않을까?라는 막연한 고집으로 선택의 갈림길에서 고심하고 있다고 한다.

물론 길 교수는 골드미스이기 때문에 부양에 대한 부담도 없고 부모와 형제자매에 대한 소소한 지원이 길 교수 부담의 전부이다. 그리고 일찍 들어두었던 개인연금과 60세부터 받게 될 사학연금 정도면 생을 마감할 때까지 적지만 생활비 걱정은 없을 것 같고 부족하면 부족한 대로 살겠다는 욕심없는 사람이라고 한다. 게다가 이런 조건을 만족하는 사람이 이 세상에 몇이나 될까 하는 생각에 길 교수 본인은 선택받은 사람이라며 고마워하고 있다고 한다. 이름 모를 촌부로 선현들의 글을 벗삼아 사는 것도 제2 인생설계의 좋은 귀감이 될 것 같다는 생각이 들어 부럽다.

길 교수는 건강한 노후생활을 위해 승마와 국궁도 꾸준히 하고 있고, 사회와의 소통을 위해 SNS와 사이버 공간을 적극 활용하고 본인이 결성한 학당 모임도 있어 유학(儒學)을 매개로 다양한 계층이 주기적으로 만나고 있다. 길 교수가 제2 인생도전에 성공하기를 기원한다.

길 교수가 철학공부를 위해 선택한 조기퇴직, 과연 잘하는 걸까?
3-4-2기법을 통해 점검해 보자.

3 3단계 구조화 비법

- 1단계, 의사결정의 목적이 무엇인가를 파악하라.

행복한 제2인생을 하고 싶은 공부로 조금 일찍 시작하고자 한다.

- 2단계, 최소한의 목표는 무엇인가를 정하라.

원하는 시간에 자유롭게 유학을 공부하는 것

- 3단계, 반드시 만족시켜야 할 조건에는 어떤 것이 있는가를 선정하라.

유학(儒學)에 대한 흥미와 관심이 지금과 같이 유지된다. 유학 공부는 노후 시간을 지루하지 않게 보낼 수 있는 소일꺼리가 된다.
연금만으로는 생활이 어려운 여건 변화는 일어나지 않는다.

4 4가지 의사결정요소 분석

- 분석 1: 편익분석

유학 공부를 위한 충분한 시간, 활발한 학당 활동, 지식나눔 봉사, 유용한 여가활용 등

	편익항목	산출기준
보이는 편익 (경제적 편익)	유익한 여가활용	여가활동으로 매일 5시간 유학공부할 경우 여가활동비용 절약됨, 식사 포함 등산동호회 비용 3만 원 적용 3만 원×7일×52주×25년≈2억 7천만 원
보이지 않는 편익 (사회적 편익)	충분한 공부시간	–
	활발한 학당활동	–
	지식나눔 봉사	–

• 분석 2: 비용분석

정년까지 교수수입, 학계활동, 쌓아진 현업 업적, 제자들과의 교감기회 감소, 퇴직연금 감소분 등

	비용항목	산출기준
보이는 비용 (경제적 비용)	정년까지 교수수입	정년 65세까지 10년 동안 현재 연봉 8천만 원 적용, 연평균 증가율 3% 적용 약 9억 2천만 원
	퇴직연금 감소	개시연령 65세부터 사망시까지로 지급되는데 사망 시점을 80세로 가정, 연금지급액=보수월액×지급배수(최대 33년의 76%) 적용 조기퇴직 시 연금지급액−정년 시 연금지급액 =5억 9만 원
보이지 않는 비용 (사회적 비용)	학계활동	−
	쌓아진 현업 업적	−
	제자와의 기회감소	−

• 분석 3: 할인율 선정

유학공부를 위한 조기퇴직도 일반직장인들이 수험준비를 위해 직장을 그만두는 것과 비슷한 위험을 가지고 있다고 한다면 고위험 의사결정대상이라고 할 수 있다. 하지만 합격이라는 중압감이 없다는 것을 감안해서 중위험 정도의 요구수익률로 10%의 할인율을 적용한다.

• 분석 4: 시간범위 설정

조기퇴직결정에 따른 편익과 비용발생은 55세 이후부터 평생에 걸쳐서 나타나므로 평균수명 80세까지 총 25년을 시간범위로 설정한다.

분석종합 : 현금흐름 분석

편익과 비용 항목별 시간범위의 현금흐름을 아래와 같이 작성할 수 있고 Excel 프로그램을 이용하여 NPV와 BCR을 추정하였다.

E18

	A	B	C	D	E	N	AA	AB
2	단위:원		t=0	t=1	t=2	t=11	t=24	t=25
3	유익한여가활용			10,920,000	10,920,000	10,920,000	10,920,000	10,920,000
4	편익소계	273,000,000	-	10,920,000	10,920,000	10,920,000	10,920,000	10,920,000
5	정년까지교수수입			- 80,000,000	- 82,400,000			
6	(연평균연봉인상율반영)	0.03			- 2,400,000			
7	퇴직연금감소분					- 39,330,210	- 39,330,210	- 39,330,210
8	(조기퇴직연금)	0.5				40,000,000	40,000,000	40,000,000
9	(정년퇴직연금)	0.76				79,330,210	79,330,210	79,330,210
10	비용소계	- 1,507,063,489	-	- 80,000,000	- 82,400,000	- 39,330,210	- 39,330,210	- 39,330,210
11								
12	NPV	- 39,306,700						
13	r(=연10%)	0.1						
14	B-C(순편익)	- 1,234,063,489						
15	BCR	0.18						

2 2단계 선택결정과정

의사결정자가 최종결정을 하기 위해 고려대상 중에 있는 대안들을 효과적으로 좁혀나가는 작업이 그 비법이다. 이러한 과정을 거치면서 의사결정시 불필요하게 소모되는 에너지를 줄이고 의사결정자의 선호에 맞게 최종결정을 할 수 있다.

- 1단계 선택결정과정: 우선 제외대상 대안 골라내기

대안들의 의사결정목적, 최소목표, 필수충족조건의 적합성 여부를 Yes or No로 점검한다.

- 2단계 선택결정과정: 1등으로 결합된 대안 선택하기

NPV > 0, B/C 비율 > 1, 순편익 > 0일 때, 의사결정대상은 경제적으로 타당하다고 판단할 수 있다.

의사결정대상	길 교수, 철학공부를 위해 조기퇴직을 할까, 말까?	적합여부
의사결정목적	행복한 제2인생을 하고 싶은 공부로 조금 일찍 시작하고자 한다	Y
최소 목표	원하는 시간에 자유롭게 유학을 공부하는 것	Y
필수충족조건	유학(儒學)공부에 대한 흥미와 관심이 지금과 같이 유지된다. 유학공부는 노후 시간을 지루하지 않게 보낼 수 있는 소일꺼리가 된다. 연금만으로 생활이 어려운 여건변화는 일어나지 않는다.	Y
NPV	약 −3천 9백만 원	NPV < 0
BCR	0.18	BCR < 1
순편익	약 −12억 3천만 원	손해

↓

우직한 길 교수가 식자(識者)로서 희망을 선택하는 것이 경제적 추산결과로서는 타당성을 인정받지 못한다. 경제적 가치로 환산되는 편익과 비용만을 고려했을 때 NPV는 약 −3천 9백만 원으로 0보다 작고, BCR은 0.18로 1보다 작으며, 순편익도 약 −12억 3천만 원으로 손해라는 것을 보여준다. 금전적 관점에서 이러한 선택은 안하는 것이 낫다고 할 수 있다.

하지만, 경제적 이득도 없고 골치아플 것 같은 철학에 누군가 인생의 일부를 바치는 것도 멋지지 않을까? 특히 공부 좀 했다는 사람들 중에서 나와주면 더 좋지 않을까?라는 길 교수의 막연한 고집이 현실로 옮겨지는 것도 따뜻한 세상을 위해 보이지 않는 충분한 가치가 있다고 생각이 된다. 길 교수에게 힘내라고 응원의 박수를 보내고 싶다.

1. 핵심용어 정의: definition

비용편익분석이란?

비용편익분석(cost-benefit analysis)은 어떠한 의사결정과 선택이 제한된 자원을 보다 효율적으로 사용하는 것인지 아닌지를 판단하는 분석기법이다.

효율성 측면에서 비용효과분석은 공공과 민간의 의사결정이 자원의 사용뿐 아니라 더 나아가 사회후생(social benefits)을 더 좋아지게 하는는 것인지 아니면 나빠지는 것인지를 판단하는데 유용한 분석기법이다.

물론, 효율성(efficiency)이라는 것은 의사결정자들이 반드시 고려해야 할 사항들 중 하나라는 측면에서 비용편익분석의 한계가 지적되고 이를 보완하기 위해 최종적 의사결정시 다른 정책목적들과 대안들을 상호비교하고 조정하는 과정을 거치도록 제안하고 있다.

사회적 편익이란?

사회적 편익(social benefits)은 질적 양적 변화량과 만족에서 오는 효용의 증가량을 개인들의 지불의사(willingness to pay, WTP)만큼의 가치로 환산하여 이들 모두 합한 것이다.

어떤 의사결정으로부터 얻은 사회적 편익 즉, 총 WTP는 소비자측면에서 소비자가 실제로 지불한 총비용과 소비자잉여(소비자가 지불할 의사가 있는 가격과 실제로 지불한 가격을 뺀 나머지 금액으로 가격이 오르면 소비자잉여는 줄어든다)를 합한 것으로 표현될 수 있다. 또한 기업측면에서는 기업의 총 수익과 소비자잉여로 표현될 수 있다.

사회적 비용이란?

사회적 비용(social costs)은 사용될 자원의 기회비용(copportunity costs) 만큼의 가치로서 최우선 대안에 그 자원이 사용되었을 때 얻게 될 편익의 정도로 정의된다.

여기서 얻게 될 편익은 개인들의 지불의사만큼의 가치, 즉 그 자원을 사용하는 데 기꺼이 지불할 의사가 있는 정도의 가치(WTP)로 평가될 수 있다.

순편익이란?

순편익(net benefits)은 사회적 편익에서 사회적 비용을 뺀 나머지로 정의할 수 있다. 정책결정은 그 정책에 의해 어떤 형태로든 편익을 얻는 대상과 어떤 형태로든 비용을 지불하는 대상이 함께 공존하는 사회 속에서 발생되기 때문에 사회 전체의 순편익을 고려해야 한다. 사회의 대상은 모든 사람들과 인간을 제외한 모든 자연을 포함한다. 또한, 파급효과에 의한 편익과 비용도 고려해야 된다.

정책결정으로 발생될 비용과 편익을 산정하는 것은 매우 어려운 일이다. 여러 가지 산정 방법이 있겠지만 정책이 있을 때와 없을 때를 가정해서 비용과 편익을 산정하는 것이 합리적이라고 할 수 있다.

이 방법을 베이스라인 시나리오(baseline scenario)라고도 하는데 정책이 없을 때를 베이스라인으로 설정한다. 정책 실행으로 시간의 흐름에 따라 편익이 베이스라인 때보다 점진적으로 증가되는지 또는 비용이 베이스라인 때보다 점진적으로 개선되는지를 판단하는 것이다.

현재가치란?

현재가치(present value)는 미래가치에서 시간가치만큼을 할인 즉 감해진 것이다. 경제분석에서는 특별한 상황을 제외하고 모든 금전가치는 현재가치를 기준으로 분석한다.

여기서 '현재'의 기준은 정책의 시작시점을 의미하며 자원이 처음 사용되어진 시점과 기회비용이 처음 발생하는 시점을 시작점으로 가정한다.

할인율이란?

할인율(discount rate: r)은 시간선호가 반영된 사회적 이자율을 의미한다.

미래소비도 현재 사회의 선호가 유지된다는 가정하에 현재 정책결정에 사용되는 자원이 미래 사회적 가치를 창출하는데 최소한 다른 곳에 사용되었을 때 얻을 수 있는 사회적 이득보다 클 수 있는지를 고려하는 것이 중요하다. 그래서 최소한의 기회비용 또는 대출비용보다는 크게 할인한다.

할인율 범위를 정해서 민감도분석(sensitivity analysis)을 하는데 최소할인율, 중간 할인율, 희망할인율 변화에 따라 어떻게 달라지는가를 고려하여 의사결정 시 활용한다. 여기서 최소할인율은 의사결정자의 요구수익률이 된다. 이 요구수익률은 의사결정지표인 내부수익률과 비교하는 대상이기도 하다. 다시 말해, 투자사업결정 시 사업의 내부수익률이 최소한 투자자의 요구수익률보다 크고 수익률이 가장 높은 사업에 투자를 결정한다.

시간범위란?

시간범위(time-horizon)는 정책의 편익과 비용이 발생하는 전체의 기간으로써 할인대상이 되는 기간이기도 하다.

시간범위 설정은 의사결정분석에서 매우 중요하기 때문에 사전에 감지할 수 있는 모든 상황을 고려하여 설정한다. 또한 시간범위 선정 시 정책의 편익과 비용에 있어서 수명이 있는 잔여가치(terminal value) 개념으로 분석할지 아니면 수명이 없는 영구가치(perpetuity value) 개념으로 분석할지를 결정하는 것도 중요하다.

2. 투자결정 지표: decision criteria

순현재가치(net present value, NPV)

순현재가치는 효율적인 투자선정을 위한 방법 가운데 가장 일반적으로 적용되는 기법이다. 투자사업의 사업기간동안 얻게되는 순편익(편익-비용)의 흐름을 현재가치로 환산하여 단순히 합한 것이다. NPV가 0보다 크면 투자결정 시 순편익이 발생하므로 투자가치가 있는 것으로 평가하며, 반대로 NPV가 0보다 작으면 투자결정시 순감소가 발생하므로 투자가치가 없는 것으로 판단할 수 있다. 또한 NPV가 극대화될수록 투자가치가 극대화됨을 의미하므로 NPV가 클 수록 투자사업으로 선정될 여지가 크다고 할 수 있다.

NPV 산정을 위해서는 다음의 다섯 가지 가정이 필요하다.

첫째, 할인율은 이미 정해져 있다. 할인율은 시간의 흐름에 따라 매우 달라질 수 있는데 사업 기간 동안 하나의 할인율이 적용된다는 가정하에 산정된다.

둘째, 자본은 이미 마련되어 있다. 대부분 자본은 차입에 의해 이루어진다고 가정하지만 여건에 따라 다를 수도 있다. 어찌되었던 투자를 위한 자본은 확보된 것으로 가정하고 산정한다.

셋째, 차입이자율과 대출이자율이 같다. 빌릴 때 이자율과 빌려줄 때 이자율의 이자차액은 발생하지 않는 다는 것을 전제로한다. 물론 실제 자본시장에서는 이 둘에 차이가 있을 수 있지만 분석을 위해 이렇게 가정한다.

넷째, 현금흐름추계는 모든 비용과 편익들이 포함되어 있다. 유지비용과 세금까지도 포함하며 회계처리는 월말을 기준으로 한다는 가정하에 산출한다.

다섯째, 여러 대안을 비교할 때는 대안 간은 상호 배타적이다. 어떤 대안의 일부가 다른 대안과 연관되어 있지 않고 독립적으로 분리될 수 있는 대안들이라고 가정하고 비교한다.

위의 다섯 가지 가정을 염두하고 아래 수식에 의해 NPV를 산정한다.

$$NPV = \sum_{t=0}^{T} \frac{B_t}{(1+r_t)^t} - \sum_{t=0}^{T} \frac{C_t}{(1+r_t)^t}$$

비용편익비율(benefit-cost ratio, BCR)

BCR은 NPV와 같이 투자결정대안의 비용과 편익 사이의 관계를 직접적으로 표현해 주는 지표이다. BCR은 개념적으로 세 가지가 있는데 할인되지 않은 BCR(undiscounted BCR, BCRu), 할인된 BCR(discounted BCR, BCRd), 순BCR(net BCR, BCRn)이 있다.

첫째, BCRu은 시간가치가 반영되지 않은 BCR로써 엄격히 말하면 틀린 수치이다. 하지만 투자결정의 초기단계에서 개략적으로 투자대안의 편익이 발생하는지를 간편하게 가늠해 보기 위해 사용할 수 있지만 많이 이용되지는 않는다.

$$BCR_u = \sum_{t=0}^{T} \frac{B_t}{C_t}$$

둘째, BCRd은 시간가치가 반영된 지표로 현재가치로 할인된 현금흐름을 바탕으로 산출한다. BCRd이 1보다 크면 그 대안은 투자가치가 있다고 판단할 수 있다. 산정공식은 NVP와 매우유사한데 NPV는 뺄셈을 BCRd은 나눗셈을 이용했다는 차이만 있다. 그래서 NPV는 0보다 크면 투자가치가 있고 BCRd는 1보다 크면 투자가치가 있다고 판단한다.

$$BCR_d = \frac{\sum_{t=0}^{T} \frac{B_t}{(1+r_t)^t}}{\sum_{t=0}^{T} \frac{C_t}{(1+r_t)^t}}$$

셋째, BCRn는 현재가치로 할인된 순편익을 총현재가치 비용으로 나누어 산출된 지표로 일반적으로 %로 나타낸다. 투자결정으로부터 얻게 되는 실질 가치증가율을 나타내주는 수치로 NPV를 총현재가치비용을 나눈 것과 동일하다. 즉, 현재가치로 환산된 총비용이 투자되었을 때 얻게 되는 순편익을 비율로 나타낸 수치이다. 0보다 크면 투자가치가 있다고 판단할 수 있다.

$$BCR_n = \frac{\sum_{t=0}^{T} \frac{B_t}{(1+r_t)^t} - \sum_{t=0}^{T} \frac{C_t}{(1+r_t)^t}}{\sum_{t=0}^{T} \frac{C_t}{(1+r_t)^t}} \times 100\% = \frac{NPV}{\sum_{t=0}^{T} \frac{C_t}{(1+r_t)^t}}$$

$$= (BCR_d - 1) \times 100\%$$

내부수익률(internal rate of return, IRR)

NPV와 함께 투자결정지표로 가장 많이 이용되는 지표로서 투자대상의 편익과 비용의 균형점과 수치이고 손익분기점이 어딘지를 나타내는 수치이다. IRR은 NPV=0을 만족시킬 때의 이자율로 계산된다. 하지만, IRR은 계산하기 어렵고 몇몇 경우 잘못된 결과를 도출할 수 있기 때문에 일반적으로 추천되는 지표는 아니다. IRR은 일반적으로 수용할 수 있는 결과가 도출될 때까지 반복적으로 추정하여 얻게 된다.

$$NPV = \sum_{t=0}^{T} \frac{B_t}{(1+IRR)^t} - \frac{C_t}{(1+IRR)^t} = 0$$

이러한 반복추정시 다음 4가지 절차를 밟게 되는데 첫째, 모든 현금흐름을 나열하라. 둘째, IRR의 적정한 수치(일반적으로 10%)를 선정한다. 셋째, 모든 현재가치 산출시 위에서 정한 IRR을 적용한다. 넷째, 할인된 모든 현금흐름(비용은 −로, 편익은 +로 표시)이 0과 같아질 때까지 IRR을 찾게 되는데 그 합이 0보다 크면(편익이 비용을 초과하면) IRR을 더 높혀서 세 번째 단계부터 적용하고 반면 0보다 적으면(비용이 편익을 초과하면) IRR을 더 낮춰서 적용한다.

회수기간(payback period, PP)

회수기간은 투자대안의 총편익이 총비용을 초과하는 데 요구되는 시간으로 이때 투자된 초기비용을 회수한다고 말할 수 있다. 이 수치는 투자대안이 얼마나 빨리 원금을 회수할 수 있을지를 보여주는 것이다. 일반적으로 에너지 절약 시스템에 대한 투자를 결정할 때 에너지 절약으로 얻게 되는 편익이 비용을 초과하는데 걸리는 시간이 그 시스템의 수명보다 짧을 때 투자결정을 고려한다.

$$\sum_{t=0}^{P} \frac{X_t}{(1+r_t)^t} = \sum_{t=0}^{P} \frac{B_t - C_t}{(1+r_t)^t} \geq 0$$

회계적 이익률(accounting rate of return, ARR)

평균이익률법이라고도 하고 장부대비수익률(Return on book value)이라고 하는데 투자대안을 결정할 때 ARR이 투자자가 미리 정해 놓은 목표이익률보다 높으면 투자가치가 있는 사업으로 판단할 수 있고 ARR이 클수록 선택의 가능성이 높아진다. 시간가치가 고려되지 않는 지표로서 한계가 있지만 유지관리, 감가상각 등이 고려되어지는 대안일 경우 유용하다.

$$ARR = \frac{\text{연평균순수익}}{\text{연평균투자액}} = \frac{\text{연평균장부수익}}{\text{연평균장부가치}}$$

3. 비용과 편익 추정: valuation of cost and benefit

정책 또는 사업의 정의

정책 및 사업의 전반적 성격과 내용, 분석에 요구되는 기본적 사항, 전제조건, 제약조건 등을 결정하는 단계이다.

정책 및 사업의 전반적 이해를 제공하기 위해 정책목표(goal & target), 투입요소(input), 집행요소(implementation), 결과 및 기대효과요소(output & outcome)의 구체적 내용과 성격을 규명하는 단계로 올바른 분석방향을 설정하는 데 매우 중요한 역할을 한다. 또한 분석 및 추정을 위한 통제변수 설정, 할인율 결정, 시간범위 설정 등의 가정과 제약조건을 설정한다.

편익의 추정

정책 및 사업으로 인해 발생될 효과들의 항목과 그 가치를 산정하는 단계이다.

사업의 편익은 사업이 있을 경우와 없을 경우를 구별(with vs. without 관계가 중요)하여 그 차이를 경제적 가치로 환산하는 것이다. 아래 관개수로 사업의 예처럼 사업이 없었더라도 개선될 수 있는 여지를 제외한 순증가분만을 계산에 반영해야 한다. 또한 사회 전체를 대상으로 비용과 편익이 산출되어야 하기 때문에 정책으로 인해 어떤 구성원들에게 발생하는 편익항목이 바로 다른 구성원들의 비용항목으로 이루어지는 것(이를 이전소득이라 함)이라면 편익항목에서 제외한다. 다음으로, 사업순편익의 경제가격을 도출하는 데 증가된 생산량과 면적에 시장가치를 적용하여 산정한다.

예 관개수로사업

편익항목	사업이 있을때(with)	사업이 없을 때(without)	증가분
경작면적	10km²	10km²	-
수확면적	30km²	15km²	15km2
옥수수	2톤	1톤	1톤
콩	4톤	3톤	1톤
보리	6톤	2톤	4톤

비용 산정

아래 표 댐건설사업의 예처럼 우선 재무적 비용을 산정한다. 재무적 비용은 정책 또는 사업을 위해 정부가 투입하는 비용으로 항목과 정부의 기준가격, 투입량과 총비용 등을 산정하는 단계이다.

다음으로, 경제적 비용을 산정하는데, 재무적 비용 중에서 실질적으로 비용이 발생되지 않는 항목 즉, 경제적 지출이 일어나지 않는 항목을 제외시킨 비용으로 산출한다.

예 댐건설사업

비용항목	재무적 비용	경제적 비용
건설	O	O
토지비	O	X(국유지)
수목지역 보상비	O	O
시설 투자비	O	O
유지관리비	O	X(시설관리공단경상비)
수몰지역의 문화유적 손실	O	O

현금흐름 추정

정책과 사업의 비용과 편익이 발생되는 시간범위 동안의 현금흐름을 추정하는 단계이다.

총경제비용을 제외한 순편익이 사업착수시점부터 발생되는 것이 아니며 매년 동일하게 발생되는 것도 아니므로 사업의 시간범위 동안 비용과 편익의 현금흐름을 추산하는 것이 필요하다.

우선, 대안들의 총편익과 총비용을 아래 식과 같이 구하며 각 i와 j항목들은 모두 적절하게 측정되고 계산되었다는 것을 가정한다.

$$B = \sum_{i}^{n} B_i$$

$$C = \sum_{j}^{m} C_j$$

- B는 총편익으로 n가지 편익항목별 예상되는 모든 편익의 합
- C는 총비용으로 m가지 비용항목별 예상되는 모든 비용의 합

하지만 대안들의 편익과 비용의 발생은 시간을 두고 발생한다(다음 표 참조). 즉, 시간의 투자가치가 다르기 때문에 시간대별로 발생되는 편익과 비용의 계산에서 시간가치를 고려해야 한다.

시간대별 정책의 편익과 비용

항목 \ 시간		0	1	⋯	t	⋯	T	계
편익	1	B_{10}	B_{11}	⋯	B_{1t}	⋯	B_{1T}	B_1
	⋮							⋮
	i	B_{i0}	B_{i1}	⋯	B_{it}	⋯	B_{iT}	B_i
	⋮							⋮
	n	B_{n0}	B_{n1}	⋯	B_{nt}	⋯	B_{nT}	B_n
비용	1	C_{10}	C_{11}	⋯	C_{1t}	⋯	C_{1T}	C_1
	⋮							⋮
	j	C_{j0}	C_{j1}	⋯	C_{jt}	⋯	C_{jT}	C_j
	⋮							⋮
	m	C_{m0}	C_{m1}	⋯	C_{mt}	⋯	C_{mT}	C_m
순편익		NB_0	NB_1	⋯	NB_t	⋯	NB_T	

* B_{it}=t시간대에 발생한 항목 i의 편익
C_{jt}=t시간대에 발생한 항목 의 편익
NB_t=t시간대의 순편익. $NB_t=\sum B_{it}-\sum C_{jt}$

예를 들어, 현재시점의 1억 원의 가치가 1년 후에는 원금에 그 이자를 합한 금액이 될 것이다. 반대로 1년 후의 1억 원의 가치에는 1년 동안의 이자만큼이 포함되어 있는 가치이므로 현재시점의 원금에서 그 만큼을 제외시켜야 될 것이다. 이와 같이 어떤 금액의 가치는 시간의 투자가치가 존재함으로 시간에 따라 증가한다. 효과와 비용이 시간대별로 달리 발생하기 때문에 이들을 비교하기 위해서는 모든 현금흐름을 일정시점을 기준으로 전환하는 것이 필요한데 이를 현재가치법(present value method)이라 한다. 현재가치법이란 서로 다른 시간에 발생하는 다양한 항목의 편익과 비용을 현재가치로 환산하여 평가하는 것으로 현시점으로 전환된 편익이 비용보다 크면 고려하고 있는 대안은 타당성이 있다고 판단할 수 있다.

그렇다면, 현재가치로 환산하기 위해 얼마나 할인할까? 즉 시간의 투자

가치를 얼마로 할까가 고민이 되는데 이것을 할인율이라고 한다. 연 r%로 표현된다. 아래 수식으로부터 알 수 있듯이 V_0의 n년 후의 가치는 V_n으로 표현될 수 있고 V_0에 $(Hr)^n$을 곱해서 산출된다.

현재가치 : $V = V_0$

1년 후의 가치 : $V_1 = (1+r)V_0$

2년 후의 가치 : $V_2 = (1+r)V_1 = (1+r)^2 V_0$

…………………

n-1년 후의 가치 : $V_{n-1} = (1+r)V_{n-2} = (1+r)^{n-1} V_0$

n년 후의 가치 : $V_n = (1+r)V_{n-1} = (1+r)^n V_0$

미래가치를 현재가치로 전환하기 위해서는 미래가치를 현재부터 향후 발생된 시점까지의 투자가치만큼으로 할인하는 것이 필요하며 아래 수식으로 표현될 수 있다.

$$V_0 = \frac{V_n}{(1+r)^n}$$

비용과 효과도 마찬가지로 시간은 투자가치를 가지고 있기 때문에 장래에 발생하는 가치를 현재가치로 평가하기 위해서는 미래가치를 시간의 투자가치만큼 할인해야 한다. 다음 수식에 의해 산출할 수 있다.

$$B_i = \sum_{t=0}^{T} \frac{B}{(1+r)^t} = \frac{B_{i0}}{(1+r)^0} + \frac{B_{i1}}{(1+r)^1} + \cdots + \frac{B_T}{(1+r)^T}$$

$$C_i = \sum_{t=0}^{T} \frac{C}{(1+r)^t} = \frac{C_{j0}}{(1+r)^0} + \frac{C_{j1}}{(1+r)^1} + \cdots + \frac{B_T}{(1+r)^T}$$

예를 들어, OO국제영화제를 할 것인가 말것인가를 결정한다고 할 때, 사업의 시간범위는 3년, 할인율을 10%로 가정한다면 아래 표와 같이 현금흐름이 발생한다. 이때 현재가치로 산정된 총비용과 총편익을 비교한 결과 4억5천만원만큼의 순편익이 발생함으로 OO국제영화제사업은 타당성이 있다고 판단할 수 있다.

대안의 편익과 비용의 현금흐름 (단위: 억 원)

구분	t=0	t=1	t=2	t=3
편익	0	0	15	30
비용	20	10	2	1

$$B = \frac{0}{(1+0.1)^0} + \frac{0}{(1+0.1)^1} + \frac{15}{(1+0.1)^2} + \frac{30}{(1+0.1)^3} = 34.9$$

$$C = \frac{20}{(1+0.1)^0} + \frac{10}{(1+0.1)^1} + \frac{2}{(1+0.1)^2} + \frac{1}{(1+0.1)^3} = 31.5$$

최종의사결정

타당성 평가와 투자결정지표들을 고려하여 최종결정을 하는 단계로, 산정된 비용, 편익, 현금흐름의 자료를 바탕으로 의사결정 지표를 산출하고 의사결정 핵심변수들의 변화에 따라 투자결정 지표들이 얼마나 민감하게 변화되는지를 점검(민감도분석 또는 시나리오분석)하면서 투자에 대한 최종의사결정이 이루어진다.

4. 엑셀을 활용한 사례 분석: case study

앞 3절에서 설명한 비용과 편익 추정의 이해를 돕기 위해 장기전세주택에 대한 공공투자사업을 사례로 비용편익추정 과정을 설명하고 현금흐름 분석을 위한 엑셀 사용법을 알려주고자 한다.

Step 1. 투자대상의 수요와 공급의 구조 파악하기

장기전세주택은 건설방식과 매입방식으로 생산되고 있으며 건설임대주택은 국민임대주택건설사업, 택지개발사업, 도시개발사업으로부터 건설 공급되고 매입임대주택은 재건축사업에 의해 공급되고 있다.

장기전세주택 타깃 설정

기존 공공임대주택의 유형별 대상을 보면 영구임대, 다가구임대, 전세임대, 50년임대주택 5년 임대주택 등 대부분이 소득 4분위까지를 대상으로 하고 있다. 반면, 중산층을 위한 중형 규모 즉, 소득 5~7분위를 위한 임대주택 공급이 목적인 10년임대주택과 비축용 장기임대주택의 실적은 매우 저조한 상황이고, 국토해양부가 2003년 5월 28일 제시한 '서민 주거안정을 위한 소득계층별 차등화된 주거복지 지원로드맵' 내용에서도 소득 5, 6, 7분위 계층에 대한 주거대책은 미약한 것을 알 수 있다.

반면 장기전세주택는 기준 공공임대주택 공급의 사각인 중하층을 공급대상으로 하고 있다. 장기전세주택 평형별 정책목표는 다음과 같다.

- 공급면적 45평형(전용면적 85㎡ 초과): 소득 7분위이상을 대상으로 소유에서 거주로의 패러다임 전환을 선도하고 고령화 사회에 대응하기 위해 공급
- 공급면적 33평형과 26평형(전용면적 60㎡ 이상~85㎡ 이하) : 소득 5

분위와 6분위의 도시근로자 가구 및 중산화 가능계층의 주거안정을 위한 주거공간 공급

- 공급면적 26평형 미만(전용면적 60㎡ 미만) : 소득 4분위와 5분위를 대상으로 출산장려, 신혼부부 등의 주거안정을 위해 공급

공급 구조

장기전세주택은 공공이 직접 건설하여 임대주택을 공급하는 건설임대주택과 민간이 건설하고 공공이 매입하여 임대주택으로 공급하는 매입임대주택이 생산되고 있다. 건설임대주택으로써의 장기전세주택은 SH공사가 직접 건설하여 공급하고, 매입임대주택으로써의 장기전세주택은 서울시가 매입하여 SH공사에서 관리운영하고 있다.

공급 원천

건설임대주택의 원천은 현재, 국민임대주택건설사업, 택지개발사업, 도시개발사업에 의해 장기주택전세를 공급하고 있으며, 향후 시유지개발이나 국공유지개발에 의해서도 장기전세투책을 공급할 계획에 있다.

매입임대주택은 기존 재건축사업으로 발생되는 개발이익환수차원에서의 일정 비율의 용적만큼의 임대주택과 인센티브 부여에 따라 토지를 기부채납하는 임대주택이 현재 그 원천이지만 향후 역세권 지구단위계획구역에 인센티브를 부여하여 임대주택 공급원천으로 활용할 계획이다.

Step 2. 투자대상의 재정 모델 설정하기

장기전세주택의 공급구조 중 여기서는 건설임대주택을 대상으로 예를 들어본다.

건설임대 장기전세주택사업 개요

사업유형	지구	총면적	유형	주택건설계획			
				총계	Shift	분양	국민임대
전체	20개 지구	14,241,887	총계	82,084	29,007	31,540	21,537
			$85m^2$ 이상(45형)	13,162	6,981	6,153	28
			$85m^2$ 까지(33형)	27,871	7,744	20,027	100
			$60m^2$ 이하(26형)	41,051	14,282	5,360	21,409

건설임대 장기전세주택 재정 모델

건설임대주택사업 재정 모델은 투자부문, 수익부문, 재원부문으로 구성된다.

투자부문=토지매입비용+건설공사비용

- 투자부문은 주택건설을 위한 기본비용으로 토지를 매입하고 주택을 건설하는 데 소요되는 비용으로 구성됨.
- 주택에 입주가 시작되면서 발생되는 비용으로 유지관리비(수선유지비 및 화재보험료 포함)가 발생함.

수익부문=전세금+운영수익

- 장기전세 주택으로 입주자로부터 임대료가 아닌 전세금을 입주시 받게 되며 매년 물가상승분 정도를 증액하여 받을 수 있음.
- 전세금과 증액된 전세금을 건설비용으로 사용하지 않고 운영하면 운영수익이 발생될 수 있음.

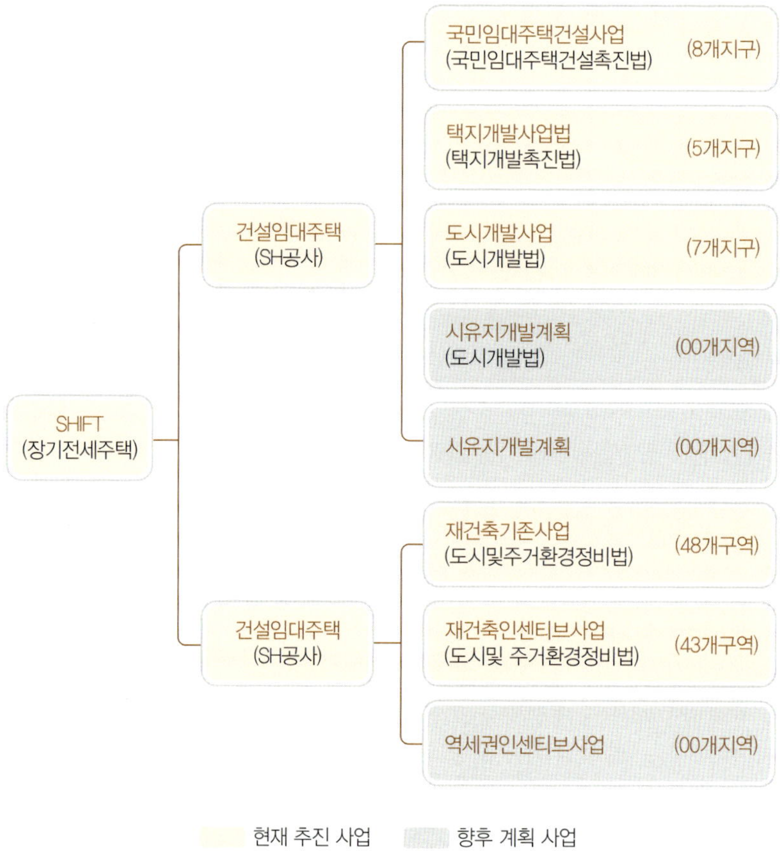

재원부문=국민주택기금+국고보조+SH공사부담+서울시보조

- 공공건설사업은 국민주택기금과 국고보조를 받을 수 있으며 그 외 부족한 재원은 SH공사 수익과 서울시 보조로 조달될 수 있음.

건설임대 장기전세주택사업 시간범위 time horizon

건설에 소요되는 기간과 준공후 입주하여 주택으로 사용하는 기간을 설정하며 그 기간동안 발생되는 투자와 수익 항목을 정리한다.

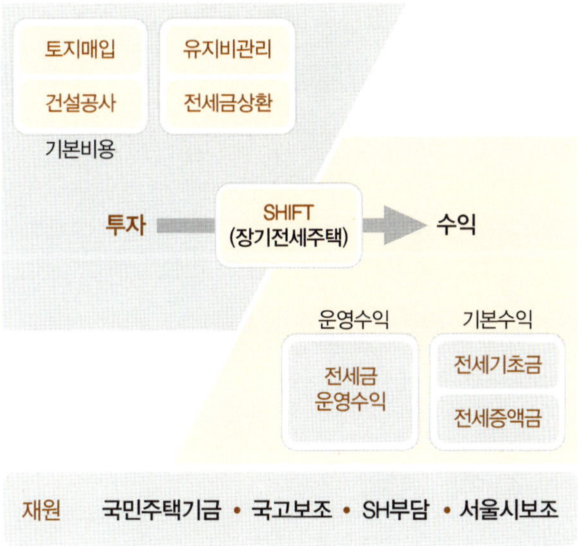

건설임대주택 재정 모델

건설임대주택사업 time horizon에 따른 현금흐름

Time Schedule	-5 -3	0	1년	29년	30년
	←←←←←	·	→→→	→→→→→→→	→→→
내용	건설	준공	입주	관리	사업완료
투자부문	토지매입비용 공정률에 따른 건설비			수선유지비 국민주택기금 원리금상환	재건축 (전세금 상환)
수익부문	국민주택기금 차입국고보조		전세금	전세금 운영수익	vs 토지매각

Step 3. 투자대상의 현금흐름과 NPV, IRR 산정하기

분석에 필요한 전제조건을 정하는 것부터 시작된다. 건설임대장기전세주택사업의 경우, 감가상각률, 전세금활용, 법인세율, 수선유지비, 원리금상환율, terminal value 등의 가정을 정한다.

분석 전제

- 사업기간: 30년(2007~2036년)
- 토지는 매각하지 않고 자산화
- 주택의 내구연수: 30년
- 감가상각률: 정률법, 매년 1/30
- 전세금 증액률: 연 2.5%
- 법인세율: 30%
- 전세금 운영수익률: 연 3%
- 수선유지비: 건물생산가격의 4/1000
- 화재보험료: 건물생산가격의 0.002%
- 주택기금원리금상환율: 연 3%

엑셀을 활용한 현금흐름과 NPV

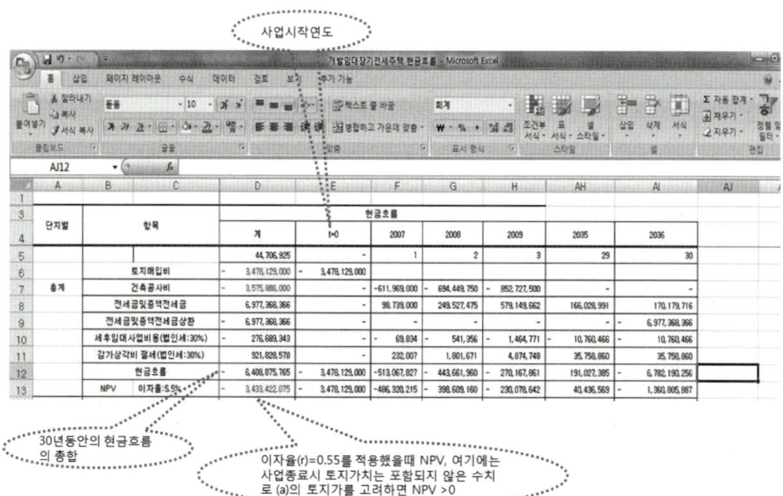

단지별	항목		현금흐름						
			계	t=0	2007	2008	2009	2035	2036
			44,706,925	-	1	2	3	29	30
총계	토지매입비		- 3,478,129,000	- 3,478,129,000					
	건축공사비		- 3,575,886,000	-	-611,969,000	- 694,449,750	- 852,727,500	-	-
	전세금및증액전세금		6,977,368,366	-	98,739,000	249,527,475	579,149,662	166,028,991	170,179,716
	전세금및증액전세금상환		- 6,977,368,366	-	-	-	-	-	- 6,977,368,366
	세후임대사업비용(법인세:30%)		- 276,689,343	-	- 69,834	- 541,356	- 1,464,771	- 10,760,466	- 10,760,466
	감가상각비 절세(법인세:30%)		921,828,578	-	232,007	1,801,671	4,874,748	35,758,860	35,758,860
	현금흐름		- 6,408,875,765	- 3,478,129,000	-513,067,827	- 443,661,960	- 270,167,861	191,027,385	- 6,782,190,256
	NPV	이자율:5.5%	- 3,433,422,075	- 3,478,129,000	-486,320,215	- 398,609,160	- 230,078,642	40,436,569	- 1,360,805,887

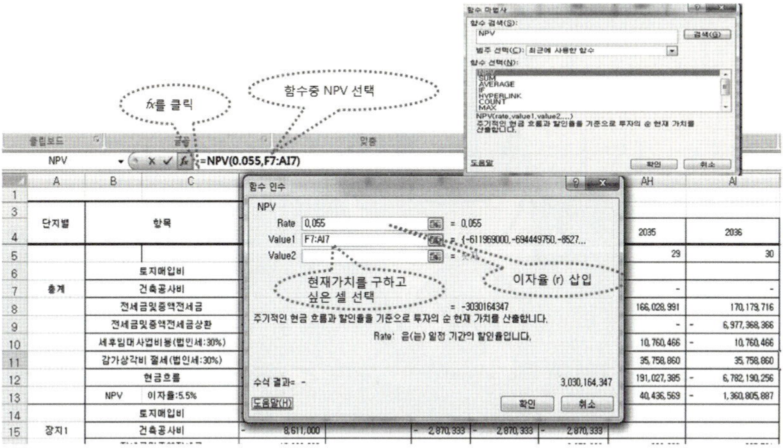

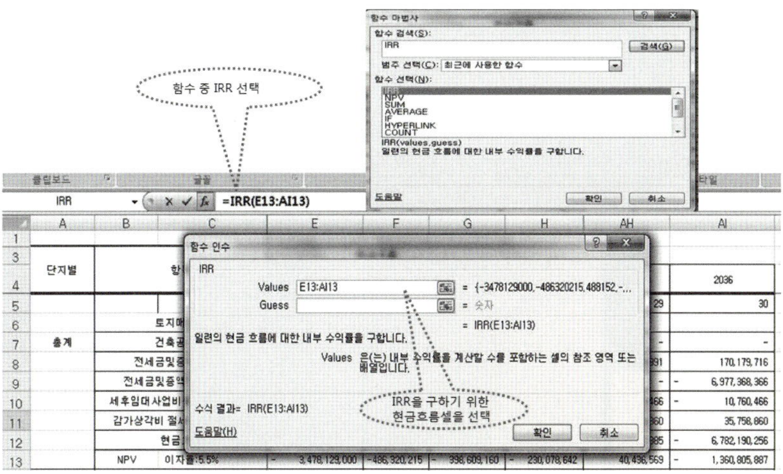

Step 4. 투자대상에 대한 의사결정하기

건설임대장기전세주택사업 비용효과분석결과 NPV가 −3조 4,334억 원으로 NPV<0지만, 사업종료시점의 토지가치 3조 4,781억원을 감안한다면 NPV>0인 것을 알 수 있고 더불어 장기전세주택 수요타깃인 중산층이하 가구의 주거안정에 기여한다는 정책목표를 고려한다면 공공투자사업으로 타당성이 있다고 판단할 수 있다.

1. 피터 드러커

"의사결정의 위험요소를 줄이기 위해 6단계 관문을 차례로 거쳐라."

피터 드러커(Peter F. Drucker)는 모든 결정은 위험부담을 안고 있으며 실제상황에서 효과적 의사결정의 도출은 더욱더 어렵기 때문에 한 단계 한 단계 쌓아가듯이 6개 관문(sequential steps)을 거쳐 의사를 결정하도록 제안하고 있다.

1단계: 문제를 분석한다

Tip 일반적인 문제를 예외적인 문제로 보지 말라.

일반적인 문제인가, 예외적인 특별한 문제인가, 정해 놓은 규칙이 없는 새로운 개념인가 등으로 유형화한다.

2단계: 문제에 대해 정의를 내려라

Tip 완벽하지 못한 정의는 위험을 초래한다.

우리가 다루고 있는 (혹은 다루어야 할 문제가 무엇인가에 대한) 정의를 명확히 집고 넘어간다.

3단계: 답을 열거한다

Tip 의사결정은 경계조건을 만족시켜야 한다.

경계조건은 어떤 것이 있는가? 의사결정의 목적이 무엇인가? 최소한의 목표는 무엇인가? 만족시켜야 할 조건에는 어떤 것이 있는가? 의 경계조건에 답을 해보고 만족될 때 유효하다.

4단계: 경계조건에 맞춘 수용 가능한 해결책보다는 '옳은 것'으로 결정을 내려라

Tip 올바른 의사결정을 하기 위해서는 협상이 필요하다.

세부적인 것까지 완전히 해결할 수 있는 '올바른 결정'을 찾으면서 거기에 타협, 적용, 양보를 대입해서 수용 가능한 차선책도 함께 검토한다.

5단계: 세부적인 실행 방안을 결정한다

Tip 의사결정을 단계별로 실행할 책임자를 지목한다.

결정된 사항을 실행하려면 누가 무엇을 할 것인지를 생각해야한다.

6단계: 의사결정 내용이 현실성이 있는지, 유용한지를 실험한다

Tip 결정된 내용의 진행 상태를 모니터링하여 의사결정에 피드백한다.

의사결정 내용이 현실적으로 실행 가능한지, 의사결정을 위한 전제가 적절하고 분명한지를 살펴본다.

피터 드러커(1909~2005)는 미국의 경영학자이자 베스트셀러 작가이다. 스스로는 '사회생태학자'로 불리기를 좋아했다. 대표적인 저서로는《경제인의 종말》,《단절의 시대》,《21세기 지식경영》등이 있다.

2. 존 하몬드, 랄프 키니, 하워드 래이퍼

"현명한 트레이드 오프를 하라."

존 하몬드(John S. Hammond), 랄프 키니(Ralhp L. Keeney), 하워드 래이퍼(Howard Raiffa)는 의사결정에 있어서 트레이드 오프는 매우 중요하지만 어려운 것이라고 하면서 현명한 트레이드 오프의 중요성을 강조하였다. 선택의 대안이나 추구하는 목적이 많을수록 트레이드 오프는 많아지는데 과거와 같이 의사결정자들이 직관, 상식, 추측에 의해 의사결정을 한다면 현명한 의사결정으로부터 멀어지기 때문에 명확하고, 합리적이며, 명료한 트레이드 오프를 할 수 있도록 이븐 스왑(even swaps: 동등한 가치를 기준으로 교환하는 것)을 제안하고 있다. 의사결정을 위한 4단계 기법, 현명한 선택을 위한 5가지 기술, 스왑의 6가지 기술을 제안하고 있다.

1단계: 결과표를 이용해 대안을 평가하라

모든 대안과 각 대안이 목표에 미치는 결과에 대해 분명히 알아야 하는데 그것을 알아내는 가장 좋은 방법이 결과표이다.

2단계: 열등한 대안을 가려내라

각 대안의 결과를 표로 나타내고 그 중에서 제외시킬 만한 대안을 골라내라. 이때 의사결정자의 만족도 순위를 메겨서 순위가 낮은 것을 제외하는 것도 하나의 방법이다.

3단계: 트레이드 오프를 통해 대안을 절충하라

순위표를 작성하고 나면 열등하지 않은 몇 가지 대안이 남는데 대안들 모두가 장점과 단점이 있으므로 대안들 사이에 트레이드 오프가 필요하다. 즉, 장단점을 상쇄시켜 합리적인 결정을 내린다.

현명한 선택을 위한 트레이드 오프 기술

- 어떤 목표를 제외하는 데 필요한 차이값을 구하라
- 결과를 변경할 때 다른 목표를 어떻게 변경해야 이를 상쇄할 수 있는지를 분석한다.
- 트레이드 오프를 실행한다.
- 최종 선택에 영향을 미치지 않는 목표를 제외하라
- 열등한 대안을 제외한다.

4단계: 복잡한 의사결정을 단순화시켜라

복잡한 의사결정을 하기 위해 목표와 대안들의 결과표를 작성하여 트레이드 오프작업을 반복하면서 대안과 목표를 줄여나감으로써 복잡한 비즈니스를 단수화시킬 수 있고 최종대안을 결정할 수 있다.

스왑의 기술

- 손쉬운 트레이드 오프부터 하라.
- 목표의 중요성이 아니라 트레이드 오프의 양(수치)에 집중하라.
- 원래 기준을 근거로 변경되는 양의 가치를 평가하라(일부분의 가치에 대한 결정이라도 전체 가치를 기준으로 평가해야 한다).
- 일관성 있게 실행하라(교환 대상의 가치는 상대적이지만 트레이드 오프 그 자체는 동일한 잣대로 판단해야 한다).
- 유용한 정보를 확보하라(주관적 판단일지라도 확실한 정보와 분석에 근거를 두도록 노력해야 한다).
- 꾸준한 연습이 완성도를 높인다(풍부한 경험과 익숙한 정도가 합리적이고 체계적인 방법으로 생각하도록 유도한다).

심리적 함정은 의사결정을 방해함으로 피하라.

- 고정관념의 함정: 처음 수집한 정보의 가치를 제대로 평가하지 못하는 것
- 현상유지의 함정: 더 나은 대안이 존재하는데도 예전의 상황을 그래도 유지하려는 것
- 매몰비용의 함정: 과거의 잘못에 집착하는 것
- 증거 찾기의 함정: 기존의 예측과 반대되는 정보를 무시한 채 기존의 상황을 뒷받침하는 증거만 찾으려는 것
- 구성의 함정: 어떤 문제에 대해 허위 진술을 해서 전반적인 의사결정 과정에 해를 끼치 것
- 지나친 자신감의 함정: 예측의 정확도를 과대평가하는 것
- 신중함의 함정: 불확실한 문제를 평가할 때 지나치게 조심스런 태도를 보이는 것
- 회상 능력의 함정: 최근에 있었던 문제에 지나치게 비중을 두는 것

존 하몬드와 랄프 키니, 하워드 레이퍼는 하버드 대학교 비즈니스스쿨 등에서 강의를 하며 기업을 대상으로 컨설팅을 하고 있다. 의사결정 이론을 일반인에게 쉽게 설명하는 데 주력하고 있으며 공동 저서로《미래를 내 것으로 만드는 의사결정의 순간》과《스마트 초이스》가 있다.

3. 아미타이 이치오니

"정보의 홍수 속에서는 부분적인 정보만으로 의사결정을 할 수 있어야 한다."

아미타이 이치오니(Amitai Etzioni)는 정보의 홍수 속에서 의사결정에 필요한 지식을 가려내기란 쉽지 않고 지금까지는 의사결정을 위해 정보가 일목요연하게 정리되어 합리적 의사결정을 유도할 수 있었지만 앞으로는 정리가 불가능할 정도로 정보가 많아 질 것이라고 말하고 있다. 이러한 상황 속에서 의사결정을 위한 새로운 접근방법을 배워야 하는데 합리주의 모델을 버리고 부분적인 정보만으로도 의사결정을 할 수 있는 혼합 스캐닝법(mixed scanning) 또는 부족한 의사결정법(humble decision making)을 제안하고 있다. 혼합스캐닝 기법은 조직의 기초정책과 방향에 관한 폭넓은 선택, 점진주의적 의사결정을 통해 새로운 판단 기준을 세워 실행함으로써 의사결정을 구체화시켜 나가는 것으로 구성되어 있다.

기법 1: 집중적인 시도와 오류 절차를 받아들여라

모르는 중요한 정보가 있긴 하지만 그 정보 없이 일단 시작하는 것이다. 세상을 정확히 이해하고 사실에 근거한 논리적 절차를 선택하는 것이 아니라 핵심적인 정보는 없지만 효과적인 조치를 위하는 것이다. 집중적인 시도와 오류는 합리적인 전략이 아닌 적응성으로 강조한 전략이다.

기법 2: 일시성을 인정하라

필요에 따라 진로를 수정하다는 의미로 적응성의 핵심적 규칙이다. 처음 생각에 집착하거나 불확실한 방향을 계속 고집해서는 안 되고 잦은 수정을 일시적인 것이나 실험적인 것으로 보면서 언제든지 수정할 준비를 하고 있어야 한다.

기법 3: 지연은 또다른 적응의 규칙이다

올바른 의사결정을 하기위해 천천히 일을 진행하는 동안 새로운 자료를 얻고 처리하면서 새로운 대안을 찾는 것이 필요하며 이를 위한 의사결정 지체는 생각만큼 심각한 피해를 주지 않는다.

기법 4: 망설임을 두려워하지 마라

정부정책이 개입될 것으로 기대하는 시점에서는 아직 개입된 것은 아니고 반정도 수준에서 개입될 수도 있기 때문에 의사결정을 망설이는 것은 반드시 손해보는 결과만을 초래하지는 않는다.

기법 5: 작은 의사결정으로 세분화하여 실행해라

한 번의 의사결정을 오랜 시간에 걸쳐 적용하기보다는 중요한 판단을 여러 번에 걸쳐 작은 의사결정으로 나눠 시기에 맞춰 실행할 수도 있고 늦출 수도 있다. 늦춰진 결정을 할 시기에 보다 정확한 정보가 수집될 수도 있다.

기법 6: 헤징할 수 있는 방안을 염두하라

상황에 적응하면서 의사결정을 하는 좋은 방법으로 한 바구니의 달걀이나 '모 아니면 도'와 같은 투자방식은 투자액이 클수록 어리석은 방법인 것처럼, 완전한 정보를 가지고 의사결정을 하는 것이 아니라 부분정보에 의해 의사결정을 할 때는 분산투자하여 헤징할 수 있는 방안을 선택하는 것이 현명하다.

기법 7: 안전한 선택과 예비 자원을 유지하라

정보가 미흡할 경우 분산투자 하는 것이 좋은 것처럼 장기적인 이익과 안전 보장을 기대할 수 있는 안전한 선택을 하고 뜻밖의 비용과 예상하지 못한 기호에 대응할 만한 자원은 유지해야 한다.

기법 8: 원상복귀가 가능한 결정을 하라

부분적인 정보만 이용할 수 있는 상황에서는 필요 이상의 개입은 피하는 것이 좋다. 짧은 시간 내에 적은 비용으로 원래 상태로 복구할 수 있는 결정에만 참여하는 것이 좋다.

아미타이 이치오니는 사회학자이며 조지워싱턴 대학에서 강의하고 있다. 백악관 국내문제 고문으로 활동하기도 했다.

4. 알덴 하야시

"직관적인 감(感)도 의사결정의 중요한 기준이 될 수 있다."

알덴 하야시(Alden M. Hayashi)는 고급위원들 중 중요한 결정을 내릴 때 논리적인 분석보다 직감, 배짱, 육감, 내면의 소리를 믿는다는 사람이 의외로 많다고 한다. 의사결정을 내리는 직관적 능력에 관해서는 인간의 감성과 느낌이 중요한 역할을 할 때도 있고 실제로 그것이 꼭 필요할 때도 있다는 사실을 저명한 과학자들의 연구보고서를 들어 설명하고 있다. 알덴 하야시는 인간의 직감이 신뢰를 가지기 위한 6가지 조건을 제시하고 있다.

조건 1: 기업가적 본능에 의존하라

중간관리자까지는 계량화 되어 있는 의사결정이 가능할 수 있지만 문제가 복잡하고 애매모호해지는 고위경영진은 직관을 이용한다고 알려져 있고 높은 직책일수록 기업가적 본능에 충실해야 한다는 것은 이미 알려진 사실이다.

조건 2: 육감은 끊임없는 자기 점검과 피드백이 필요하다

헨리 민추버그는 직관의 결정은 무의식적으로 이미 알고 있는 것을 의식적으로 알게 될 때 그러한 감정을 겉으로 드러내는 일이 생긴다고 말했다. 사람에게는 좌뇌와 우뇌가 있는데 좌뇌는 의식적, 이성적, 논리적 사고를 주관하고 우뇌는 무의식적, 직관적, 감성적 사고를 주관한다고 한다. 많은 CEO들은 우뇌의 사고력 개발을 위해 조깅, 낮잠, 음악 감상, 명상법 등 다양한 방법을 배운다고 한다.

조건 3: 직관적 의사결정 시 감성적 균형을 유지하라

인간의 의식은 모든 가능성에 대한 분석을 처리하지 못하지만 그러한 여러가지 가능성을 여과 처리하는 데 중요한 역할을 하는 것은 인간의 감성과 느낌이다. 인간의 의식이 탁월한 결정을 내릴 수 있는 지점까자 그 결정 의지를 안내하는 것이 바로 육감이다. 육감에 의한 의사결정에 있어 중요한 것은 감성의 균형을 유지하는 것이다. 감성과 이성이 균형을 이룰 때 사람의 본능은 그 모양새를 제대로 갖추게 되는 것이다.

조건 4: 육감도 패턴과 규칙에 의존한다

허버트 사이먼은 저장과 검색이 용이하도록 사람이 습득한 정보를 몇 개의 덩어리로 나누는 데 도움을 주는 것이 경험이라고 주장한다. 전문적인 체스 플레이어들은 여러 가지 상황에 대해 이미 알고 있는 것들을 기억 속에서 꺼내어 수를 읽는다고 한다.

조건 5: 육감을 다스리기 위해서는 다양한 경험이 필요하다

의사결정이 육감에 의한 것이 되기 위해서는 전혀 별개의 분야에서 유사한 패턴을 발견해낼 수 있는 능력이 필요하며 이를 위해서는 다양한 경험이 필요하다. 실제로 다양한 경험을 쌓고 많은 패턴을 알고 있는 사람이 현장에서 더욱 적응을 잘한다. 또한 육감을 제대로 다스리기 위해서는 마음 전체를 다스릴 줄 알아야한다는 것도 중요한 점이다.

조건 6: 자신의 능력을 과시하는 것은 무지에서 비롯된다

육감이 틀리는 이유는 여러 가지 복합적인 요소가 육감이 틀리다는 사실을 깨닫지 못하게 만들기 때문이다. 자신의 판단이 정확한지 알지 못하는 사람이 대다수이며 자신의 잘못이 무엇인지를 알지 못하면 그를 통해 배울 수 있는 것도 없다. 이러한 무지는 결국 우리 자신의 능력을 과신하게 만드는 결과를 낳는다. 의사결정자는 자기점검의 메커니즘을 키울 필요가 있다.

알덴 하야시는 《하버드 비즈니스 리뷰*Havard Business Review*》의 선임편집자이며 《의사결정의 순간》의 공동 저자이다.

참고문헌

Diana Fuguitt and Shanton J. Wilcox, ***Cost-Benefit Analysis for Public Sector Decision Makers***, Quorum Books, 1999

Harry Campbell and Richard Brown, ***Benefit-Cost Analysis: financial and economic appraisal using spreadsheets***, Cambridge University Press, 2003

Harvard business review on decision making, Harvard Business School Press, 2001

Richard O. Zerbe, Jr. and Dwight D. Dively, ***Benefit-Cost Analysis in Theory and Practice***, Harper Collins College Publishers, 1994

김동건, 비용편익분석, 박영사, 2008

피터 드리커 외 지음 · 심영우 옮김, 의사결정의 순간, 21세기북스, 2009

찾아보기

저자 소개

이진경

서울대학교 도시공학박사 도시설계 및 계획 전공

서울시립대학교 도시과학연구원 연구교수(조교수)
서울특별시청 주택국 주택연구팀장
감사원 평가연구원 연구관
경기도청 도시계획국 도시계획전문위원
한국감정원 부동산컨설팅부 컨설턴트

현재 2011 AsRES-AREUEA Joint International Conference 조직위원
강남구 도시계획위원회 위원
부동산분석학회 국제분과 부위원장
건설환경IT융합연구회 working group 위원